本书为广东省高等院校学科建设专项资金人文社会科学重大攻关项目“岭南文化精品外译研究”（2012ZGXM_0008）成果和教育部人文社会科学研究项目“民国报人的跨中西文化特质研究”（10YJE860001）成果。

经典新闻学译丛 · 丛书主编 王 海

中国本土报刊的兴起

The Rise of the Native Press in China

汪英宾 著 王 海 王明亮 译

暨南大學出版社
JINAN UNIVERSITY PRESS

中国·广州

图书在版编目（CIP）数据

中国本土报刊的兴起／汪英宾著；王海，王明亮译．—广州：暨南大学出版社，2013.3
（经典新闻学译丛）
ISBN 978-7-5668-0437-2

Ⅰ.①中…　Ⅱ.①汪…②王…③王…　Ⅲ.①报刊—新闻事业史—中国　Ⅳ.①G219.29

中国版本图书馆 CIP 数据核字（2012）第 297931 号

出版发行：暨南大学出版社

地　址：中国广州暨南大学
电　话：总编室（8620）85221601
营销部（8620）85225284　85228291　85228292（邮购）
传　真：（8620）85221583（办公室）　85223774（营销部）
邮　编：510630
网　址：http：//www.jnupress.com　http：//press.jnu.edu.cn

策划编辑：杜小陆　史学英
特约编辑：许莲华
责任编辑：陈绪泉
责任校对：黄　斯

排　版：弓设计
印　刷：佛山市浩文彩色印刷有限公司

开　本：787mm×960mm　1/16
印　张：9.875
字　数：131 千
版　次：2013 年 3 月第 1 版
印　次：2013 年 3 月第 1 次

定　价：25.00 元

译 序

广东外语外贸大学仲伟合教授主持的广东省高校人文社会科学重大攻关项目“岭南文化精品外译研究”（2012ZGXM_0008），旨在促进岭南文化在海外主流社会的传播并扩大影响，加深对文化外译这一复杂传播活动的理论认识，为文化外译传播以及外译人才培养提供理论指导，也为提升广东省的文化核心竞争力奠定基础。王海教授等翻译的《中国本土报刊的兴起》（*The Rise of the Native Press in China*）是“岭南文化精品外译研究”（2012ZGXM_0008）项目的阶段性成果，同时也是教育部人文社会科学研究项目“民国报人的跨中西文化特质研究”（10YJE860001）的阶段性成果。

这本译著的原作是从不同视角对中国本土新闻事业的起源及其发展进行回顾和审视的域外研究成果。原作尽管完成很早，但其在当时西方产生的影响仍为今天的文化精品（包括学术精品）对外译介和对外传播带来很好的启示。在文化外译“热”犹胜往昔的今日，学界需要的是冷静下来认真思考如何切入和满足西方读者对中国本土文化的阅读期待，其中的一个重要方面便是以实证的方式考察西人对中国本土文化的阅读空白乃至误读，并研究采用何种有效的翻译策略和传播模式，从战略高度有针对性地筛选一些满足阅读期待、更正误读的文化精品对外译介和传播。

由王海教授主持和组织翻译的这套经典新闻学丛书，均是从一个不同的角度对中国本土新闻与传播事业的发生与发展进行回顾和审视的域外研究成果，对于当代新闻学、传播学乃至翻译学都有一定的启示和借鉴意义。《中国本土报刊的兴起》原作虽然是中国本土学者、著名记者汪英宾教授20世纪初期在境外发表的一篇硕士学位论文，但其在中国新闻史和传播史上具有尚未被完全发掘的重要意义。原作对中国本土报刊兴起所具备的诸多要素进行了解读和阐释，对于中国本土报刊的起源和发展有一定的创新性见解。其中关于中国本土报刊兴起之初的法律法规以及报纸广告和发行量等问题的阐述乃是一大亮点，再加上书中较为翔实的史料和数据，不仅对于不了解中国本土报刊发展史的英美读者而言具有重要的信息价值，而且对于时至今日的新闻学、传播学研究也不乏参考价值。如同今日的印度需要通过阅读中国翻译的佛教经典文献来研究其失落的传统文化一样，中国学者可以而且需要从境外学者的一些外文经典文献中汲取养分，这便要求翻译在其中发挥至关重要的作用。王海教授所做的就是这样一项意义深远的工作。

从组织策划到翻译实施再到译审译校，这套经典新闻学译丛由王海教授带领其硕士研究生团队完成。这对于翻译硕士（Master of Translation and Interpreting，MTI）的培养颇具启发意义。今天MTI教育面临的一个问题是，相当一部分学生的课外翻译实践得不到有力保障和有效监控，尤其是建立在真实翻译任务基础之上的翻译实践锻炼极度缺乏。在这套译著的完成过程中，王海教授采取了让学生在团队合作中接受学习和锻炼的方式，一方面解决了学生课外专业实践贫乏的问题，另一方面也有利于对实践全局进行有效监控和及时反馈。这种由导师全局把关、学生部分参与、以真实翻译实践项目为依托的课外实践培养方式值得推广，也值得各MTI培养单位的指导老师学习和借鉴。

是为序。

穆　雷

广东外语外贸大学

2012年末于白云山下

致　谢

在此，这本小册子的作者希望表达对哥伦比亚大学新闻学院院长坎利夫（J. W. Cunliffe）和沃尔特·B. 皮特金（Walter B. Pitkin）①教授的善意帮助的谢意，他们富有价值的批评和建议促成作者以现在的形式出版该著。

作者感谢《中国学生月刊》主编桂中枢先生，桂先生审读了整部书稿。还要感谢刘易斯·梅森（Y. Lewis Mason）先生对该书印刷的关注。

汪英宾

纽约哥伦比亚大学

1924 年 6 月 26 日

① 沃尔特·B. 皮特金（Walter B. Pitkin，1878—1953），生于密歇根州，逝于加州帕罗奥多。1905 年到 1909 年曾任哥伦比亚大学社会学和心理学讲师，1912 年到 1943 年任该校新闻学院教授。生前撰写以《人生始于 40 岁》（*Life Begins at 40*）为代表的多部自传书。——译注

序　言

这是中国的新闻事业第一次被介绍到英语国家。

对我而言，该论文的意义非同一般。作者的此类努力不止一次由于繁重的任务而搁浅，但他最终完成了该论文，因为他相信报刊将持续对中华民国产生潜在的重大影响。

作者所引发的结果不应该简单地以他的工作来衡量。由于文献设备和资料匮乏，中国的研究工作会遇到重重的困难，理解这一点的人将会欣赏论文中如此公正甄选和系统论述的价值不菲的数据信息。无论作为新闻系学生，还是作为中国最悠久世俗日报先锋——《申报》的经理助理，汪英宾先生以其知识和阅历的完美融合来撰写该论文。他尤其感兴趣的是中国报刊的法规这一章节。

这本小册子除作为该主题的首要参考之外，它还充当可能引发更多诸类著作的基础，尽管它本身并不完美。毋庸置疑的是，它将唤醒外国记者关注他们至今仍然陌生的中国报刊。当 1919 年山东问题出现时，我一到旧金山就接受了来自中国的某家声称报道国际新闻的报纸记者的采访。记者问我，我们在中国是否创办报纸。现在，我希望这本小册子随时随地可以被读者阅读。

桂中枢

前　言

作者选取中国本土报刊的历史作为申请新闻学硕士学位的论文，得到哥伦比亚大学新闻学院教师的高度认可。但该论文仅仅作为学术论著发表还远远不够，它还具有极高的出版价值，因为它包含了西方读者不易获悉的感兴趣的事实材料。因此，我很荣幸在此推荐该著作，希望引起更多读者的关注并发挥其更大的作用。

坎利夫

纽约哥伦比亚大学新闻学院院长

1924 年 6 月

目 录

第一章　中国本土报刊的开端

整体而言，中国本土报刊的出现代表着世界报刊的发端。早在公元前 2357 年尧帝统治时期，中国就出现了口头报刊。尽管当时世界各地的报刊既非书写也非印刷的形式，但是报刊作为公众思想和舆论的解说者而出现。相反，中国早期报刊以诗歌的形式出现，由当时的“智者”创作，他们以诗歌形式来反映社会舆论，孩子们沿街咏唱这些诗歌。就像英格兰的《朱尼斯来信》（*The Letters of Junius*）一样，这些诗歌的作者仍然不为人知。这些诗歌内容真挚，形式简洁明快，由不图物质回报的不知名作者完成，而这些不知名的作者却是中国古代最优秀的编辑。在关于周朝哲人列子的著作《列子》（卷四）中，我们发现了同类中最早的一首诗歌。列子写道：“尧乃微服，游于康衢，闻儿童谣曰：立我蒸民，莫非尔极，不识不知，顺帝之则。”

这是古代编辑们通过儿童之口在大街上传播和颂扬其君主而编辑的一首颂歌。①

在商朝（前 1783—前 1135 年）和周朝（前 1135—前 247 年）②，新闻报道是官方的责任。一年四季中，反映风土人情和风俗习惯的新闻从全国各地收集起来，这些新闻以报刊形式被季节性地编纂，在贵族之间进行传播。这些诗歌总集以“春秋”为题名。《春秋》

---

① 《列子》（卷四）。

② 据 2000 年 11 月 9 日“夏商周断代工程”正式公布的《夏商周年表》，商朝（前 1600—前 1046 年）；周朝（前 1046—前 256 年）。——译注

是“每年四季的世事记录”，这里的春秋两季指一年四季。[1] 孔子编纂的《春秋》包含了鲁国242年的年鉴，即从公元前722年到这位先哲去世前两年（前481年），但它只是春秋时期史料的集成而已。

有形报刊始于汉朝，从公元前206年到公元219年。[2] 中国历史指出，当时存在三种月刊。[3] 所有报刊中最引人注目的是《月旦评》。豫州汝南（今河南汝南县）的许劭与堂兄许靖都是当时的文人，他们喜欢评论和批判当时的乡党人物，每月更换题名，所以汝南县有月旦评的传统。汉献帝的丞相曹操曾经遭到许劭的批判：“子，治世之能臣，乱世之奸雄。”[4]《月令》是另外一种报刊[5]，发表当月重要的政治活动。在每月的第一天，当班的官员编辑负责向主管大臣呈送本月期刊，而主管大臣负责向朝廷呈送御览的期刊文本。[6]《月表》是第三种报刊[7]，它记录了当月的事实要闻。根据司马迁撰写的《史记》记载，《月表》首次出现于周朝后期。[8]

除了航海用的指南针和火药之外，中国对世界现代文明的贡献还有纸和印刷术的发展，而这些是报刊媒介必不可少的技术和物质

---

① 波乃耶：《中华事典》（《中国风土人民事物记》）。

② 汉朝起止年代应为公元前206年到公元220年。——译注

③《后汉书》。

④《纲鉴易知录》。此段原文如下：操少机警，有权数，而任侠放荡，不治行业；时人未之奇也，唯太尉桥玄及南阳何颙异焉。玄谓操曰：“天下将乱，非命世之才，不能济世也。能安之者，其在君乎！”颙见操，叹曰：“汉家将亡，安天下者，必是人也。”时汝南许劭与从兄靖，有高名，好共覆论乡党人物，每月辄更其题名，故汝南俗有月旦评焉。尝为郡功曹，府中莫不改操饰行。操往造劭而问之曰：“我何如人?”劭鄙之，不答。操劫之。劭曰：“子，治世之能臣，乱世之奸雄。”操大喜而去。

北宋米友仁（米芾长子）《白雪》词中有“论少卑之，家声接武，月旦评吾子。凭高临望，桂轮徒共千里”的句子，此又一明证。——译注

⑤《后汉书》。

⑥《礼记》中的月令是上古一种文章体裁，按照一年12个月的时令，记述政府的祭祀礼仪、职务、法令、禁令，并把它们归纳在五行相生的系统中，除现存《礼记》中有一篇《月令》之外，还有《逸周书》中的一篇《月令》，不过后者已经失传。——译注

⑦ 见司马迁《史记》。

⑧《世纪》中有《秦楚之际月表》。——译注

基础。华南本土人士蔡伦于公元75[①]年发明了造纸术。正如一位外国作者所言："我们认为中国人的发展非常缓慢。但是，中国人曾经发明了人类发展史上最具价值的技术。蔡伦的造纸术与欧洲出现的第一台造纸机时隔近千年。蔡伦发明造纸术后300多年德国和法国才制造出纸张。法国人把造纸业带到英国，而直到1690年美国才创立第一家造纸厂。"[②]

相似的情形是，当印刷术于公元175年被发明时，汉灵帝就下令将所有的经典文本雕刻在石版上，立于朝廷宫殿门前，结果所有的学者都有机会磨制这种比古登堡提前近10个世纪的中国印图。唐朝末期，雕版印刷首先用于印制书籍。发明者是一位名叫冯道的学者，他卒于公元954年。[③] 然而，有人断言，这种印刷方法可以追溯到隋朝（公元581—618年）。[④] 雕版印刷的流程十分简单。首先，雕刻工将要出版的著作书写在透明的单页纸上。每张单页纸书写完毕后，倒贴在雕版上，雕刻工用适合的工具凿开纸张的尺寸，这样在木板上就凸现了字母的形状，印图雕版就制作出来了。雕版浸上墨水，单页报刊平放在浸满墨水的雕版上，毛笔尖划过纸面，对着墨水平面按下，就完成了印图。每页报刊自然需要独立的雕版。雕版印刷适用于汉字，而且其低廉的成本为贫穷阶层提供了拥有书籍的机会。

---

① 蔡伦发明造纸术应在公元105年。——译注

② 徐世昌：《日新宏议》。

③ 冯道（882—954），五代时大臣。历史上曾经有人把冯道尊为雕版印刷的创始人。《旧五代史》记载："时以诸经舛缪，（冯道）与同列李愚委学官田敏等，取西京郑覃所刻石经雕为印版，流布天下，后进赖之。"明朝陆深的《金台纪闻》云："后唐明宗长兴三年，令国子监校定九经，雕印卖之，其议出于冯道。此刻书之始也。"五代年间，后唐宰相冯道发现以往的刻印多为佛、道等家的著作，认为儒家经典对于封建统治阶级来说更为需要，于是建议后唐明宗下令刻印，并由当时最高学府国子监校定。从后唐长兴三年（932年）至后周广顺三年（953年）止，共花费了22年，才完成儒家九经的刻印任务。通常所指的监本就始于此。这是我国历史上第一次大规模用雕版印刷术刻印书籍。冯道确实对印刷术起了很大的推动作用，但不应当把他误认为印刷术的发明人。1900年，在甘肃敦煌千佛洞发现了一册印刷的《金刚经》。其末尾写道："咸通九年（868年）四月十五日王玠为二亲敬造普施。"这是目前世界上最早有明确日期的雕版印刷品。——译注

④ 波乃耶：《中华事典》（《中国风土人民事物记》）。

公元1045年，一位名叫毕昇的平民百姓发明了活字印刷[①]，他开始使用黏土制作印模。卫三畏（Samuel Wells Williams）[②] 在著作《中国总论》（*The Middle Kingdom*）中也对毕昇的发明给予了赞许。他写道："毋庸置疑，活字印刷发明者的荣誉当属一位名叫毕昇[③]的中国匠人[④]，他生活在公元1000年前后，早于古登堡在美因茨切割字模之前500年就开始印刷书籍了。毕昇的字模是用第三期下层的中层系黏土制成，在被制成字模的泥土盘的柔软表面上刻出文字后，用火来烘烧，使字模变硬即可。然后，瓷器模型放置在条状分割的铁架内，插入石蜡、树脂和石灰的胶合剂，往下挤压。印刷通过涂擦来完成，成品字模通过烘烧胶合剂来松卸，以便为另外的印模让出空间。这种技术发明似乎永远不会演变为可以代替雕版印刷的实际生产。"[⑤]

在明朝1488—1566年间，金属活字印刷在中国被广泛应用。[⑥] 金属活字印刷的起源存在争议。弗兰克·马丁（Frank L. Martin）在发表在《密苏里大学简报》的"日本新闻事业"（The Journalism of Japan）一文中，援引了英国驻华公使萨道义（Ernest Mason Satow）[⑦] 的观点。萨道义在这篇为日本亚洲协会撰写的文章中认为，金属印刷活字是朝鲜人于1403年用铜制作而成的，当时朝鲜的统治者是中国明朝的永乐皇帝朱棣（1402—1424年在位）。假如萨道义引用正

---

① 根据中文记载，毕昇是平民百姓，并非铁匠，名字中第二个字应该拼为Shung，而非Shing。

② 卫三畏（Samuel Wells Williams，1814—1884），美国来华传教士、汉学家，有美国"汉学之父"之称。1833年10月抵达广州，在华传教40年。著有《中国总论》（*The Middle Kingdom*）、《拾级大成》（*Eassy Iessons in Chinese*）等，编过《中国丛报》（*Chinese Repository*）。——译注

③ 参见注释①。

④ 参见注释①。

⑤ 卫三畏（Samuel Wells Williams）：《中国总论》。

⑥ 上海商务印书馆编纂：《词源》，《中国百科全书》。

⑦ 萨道义（Ernest Mason Satow，1843—1929），英国外交官，曾任驻华公使，代表其政府与中国签订《辛丑条约》。——译注

确的话，他的中国史肯定学得不好。第一，永乐皇帝不是朝鲜的统治者；第二，在1403年，永乐皇帝作为明朝的第三位皇帝才刚刚登基；第三，朝鲜当时的统治者叫李芳远，他只是明朝的藩属国朝鲜的国王。因此，金属印刷活字首先在朝鲜制成的论述的真实性有待进一步核实。①

“邸钞”或者更流行的叫法“京报”，可以追溯到7世纪。②“邸报”（或“邸钞”）具有1 100年的历史。法国驻广州领事于雅乐（Huart）先生认为，“邸报”出现于公元6世纪，是“京报”的前身。在唐朝620—905年间，“邸钞”开始定期出版，之后名称几经更改，直到1911年清政府覆灭，京报随之退出历史舞台。“邸钞”这个名字字面本身可以反过来解释其产生的源头。“邸”的意思是贵族或官宦在京城或者省府建立的官邸。“邸”首先出现在陕西省西安府，后来在河南洛阳也出现了“邸”。当这些封建贵族和官宦来到京城或者省府时，都下榻在这些“邸”中。“钞”的意思是抄写的阅读物。“邸报”一类的报纸正是从这些官邸中发行出去的，并发送到这些贵族或者官宦所在的府郡或者藩镇。一位外国作者仔细参阅了“邸报”原本后说：“在唐代的编年史中，人们发现，朝廷供养的某些食客创新了一种大胆的做法。这些类似江湖医生的食客利用其有机会获悉朝廷第一手信息的优势，在京城的大街上张贴招贴，内容多为天子的起居行动以及朝廷最近发生的新闻。他们基本上都能从阅读招贴而满足好奇心的人群中收取足够的银两。尽管这种行为因为违制而遭到强烈谴责，但朝廷从来没有禁止过这种做法，而是允许这些所谓的‘第四权利’的开拓者们继续不受干涉地经营这项生意。最终，一些对新闻敏感的人不再在人群中穿梭阅览杂乱摆放的招贴，并依赖这样的不确定收入。他们通过印刷新闻并销售新闻抄

---

① 朝鲜确实在1736年向清乾隆帝供奉了金属印刷活字。

② 波乃耶：《中华事典》（《中国风土人民事物记》）。

本可以得到同样的效果，获得更高的收入。这种做法至少具备这样的优势，即打破了只有知识阶层才能通过读报获悉朝廷行为的局限性。而朝廷没有为此授权特许经营的理由。这就是最初的‘邸钞’。毋庸置疑，‘邸钞’是现存最古老的报纸，比威尼斯出版的最早报刊早几个世纪。”①

《京报》的纸张松散地粘贴在一起，带有象征着朝廷威严的黄页封面，表明其作为朝廷官方喉舌出版物的地位。《京报》内容主要分为三个部分：第一部分是宫门抄，“摘抄于宫门的新闻”，主要是宫闱内的事情；第二部分是上谕和朝廷公告；第三部分是奏章，即大臣的奏折和条疏。

1833 年 4 月的《中国丛报》（*Chinese Repository*）对“邸钞”和《京报》曾作过详尽的描述。

邸报以两种版式出版，都是手抄本。最大版本的是日抄邸报，包括 40 版或 20 张，十二开。最小版本的包括大约 15 张或 20 张，每两天发行一次。最大版本的邸报只供诸如巡抚和御史等高官阅读。还有一种版本是专为各省的低级官员制作。后者所谓的小版本的邸报也被高价出售给民众，其抄写者多是与地方官员有密切联系的人。有人将邸报借给别人阅读而收取小额费用。在京城，有门路的人有时候也通过私人渠道获得抄写得最好的邸报。

邸报最初似乎完全是为朝廷官员而设计的，它之所以向民众发行，只是在法律默许的情况下打了个“擦边球”，就像英国议会的演讲被拿来出版一样。在中国，凡是有关朝务的记载都要求保密。但是，《京报》包含很多重要而新奇的信息，这些手抄而后印刷的报纸的发行范围超越了最初的预期。正是通过邸报和京报，整个世界在某种程度上了解了中国这个伟大帝国自认的感想、希望、愿望和建

① Franklin Ohlinger, The New Journalism in China, in *World's Work*, October, 1911.

议，以及中国和邻国民众所发生的大事。

充斥《京报》版面的主要话题是：个人迁升的推荐书，弹劾他人的奏章，官员罢免的告知，官员由于迁升或者贬谪而搬迁及其因此引起精神恍惚而在充满“鬼神”（象征死亡的词汇，鞑靼的宗教信奉者在中国灵魂不灭说的基础上嫁接而来的说法）的名山大川间游走的消息。然而，这些内容都是忽视政党和政论的外国人最不感兴趣的。

由于中国皇帝发出自己的“圣旨”，即朝廷的意见和决定是以陛下的名义颁布的，因此《京报》根据当代朝廷君主的性格来刊登不同兴趣的内容，也根据同一朝代不同时期的风尚来取舍内容。①

《京报》由朝廷六科编纂而成。早上，从皇帝前一天晚上朱批后的大量奏章中摘抄的文本都放置在宫廷内的一个木板上。这些摘抄形成朝廷的年鉴，进而成为书写帝国历史的材料。在京城，朝廷的运行和管理使得每天摘抄这些文献并保存在档案室内成为必要的事情。各省官员通过驿站（供传递宫府文书和军事情报的人或来往官员途中食宿和换马的场所）接收这些文书，他们驻在京城专门接收朝廷文书。但是，为使帝国所有臣民都能了解朝廷所发生的事情的经过，在朝廷允许下全文抄录朝廷文书只字未改的招贴就在京城印刷起来。

城里接受过教育的人们广泛阅读和讨论《京报》，并保存它们，以便更多地了解其统治者的个性和朝政要事，《京报》在这方面发挥的作用要超越古罗马人对于其君主和议会的了解。在各省府，数千人被雇来誊写《京报》，供买不起报纸的读者阅读。

根据波乃耶（James Dyer Ball）② 的记录，《京报》由木版活字

---

① 1833 年 4 月《中国丛报》（*Chinese Repository*）。

② 波乃耶（James Dyer Ball，1847—1919），美国公理会遣华传教士。著有《中国风土人民事物记》（*Things Chinese*）等。——译注

印刷而成。从观察留存下来的《京报》标本推断，这些木版活字是从一种不太耐用的木材——柳木或者杨木——原木中切割而来的。一份《京报》平均有 10 张或 12 张带些棕褐色纸的厚度，版式规格为 $7\frac{1}{2}\times3\frac{3}{4}$，各页纸张之间前后都装订起来，装帧成金黄色的报纸。整幅报纸大体上由两条卷成细线式的条形纸捆扎起来，条形纸的末端穿过打在单页报纸背面边缝上的小孔，这样整幅报纸就被松散地捆扎起来。内页报纸按照中国报刊的装订习惯对折起来，留出大约 20 张或者更多小型的版面空间，每个版面由红线分成 7 个自然栏。每个自然栏从上到下包括 14 个字母的空间，顶端留有相当于 4 个字母的留白。①

除了《京报》，中国还出版过一种叫做《开元杂报》的报纸，从 713 年出版至 755 年。据史料记载，这种类似报刊的小册子是唐朝的出版物。

仿效《京报》的出版和发行，各省总督或巡抚在各自辖区创办类似的报纸。这些报纸把省府作为出版地，所谓的“辕门抄”② 即省府衙门（衙门是中文里省府总督办公和起居的地方）传抄的报纸。报纸的内容由每个特定衙门的活动、衙门发出的公告、总督或者巡抚接见的官员和少量鼓舞人心的地方新闻等构成。报纸订阅者是各省府官员和被罢免或排挤出仕途的人士——假如用今天的情形来比喻过去的话，这个阶层的人构成了各省府报纸数量可观的读者。

尽管中国是普遍尊重知识和士子阶层的文献大国，但是中国的书面语却无法在大众阶层中普及。中国报纸的缓慢进程可以反映几乎类似的情况。从理论上讲，在最早发明纸张、印刷术和官方报纸

① 波乃耶：《中华事典》（《中国风土人民事物记》）。

② “辕门抄”：清代总督或巡抚官署中发抄的分寄所属各府、州、县的文书和政治情报。经官署的辕门抄出，故名。辕门抄最初是抄写的，后来由报房刻成木版印刷发行。——译注

的中国大地上，几个世纪前就应该出现近代意义上的报纸，但事实上，这个进程在中国由于各种固有的困难而无法实现。如一位中国排版工为了完成一页中文报纸的排版必须步行三英里。因此，中国的大众化报刊在早期没有兴起。

在中国宣称自己拥有世界上连续出版的最古老报纸和杂志的时候，就像今天中国存在的日报一样的报纸却是在广州和香港的英国人和美国人努力创办起来的，这正如在华欧洲报刊的发展史所表明的那样。

在此，应该感谢米怜（William Milne）① 博士出版的第一份中文报刊。② 米怜博士刚在马六甲安顿下来，就着手出版中文月刊《察世俗每月统记传》，一直到1822年他去世。第一期于1815年出版，到了1819年，报刊每月销售1 000份。后来，报刊的发行量增加到每月2 000份。报刊发行量的增加归功于早期报刊的免费发行。

另外一种中文期刊是由广州的一位外国传教士创办的，即郭士立（Karl Freidrich August Gutzlaff，1803—1851）③ 在1833年8月1

---

① 米怜（William Milne，1785—1822），苏格兰来华传教士。1813年7月4日，米怜夫妇抵达澳门，是第二位来华传播基督新教的传教士。1815—1821年，米怜在马六甲创办了中国近代第一份中文报刊《察世俗每月统记传》。著有《全地万国纪略》、《多训五十二则》等。——译注

② 《中国丛报》（*Chinese Repository*）第2卷，第186页。

③ 郭士立（Karl Freidrich August Gutzlaff，1803—1851），又译郭实腊，普鲁士籍传教士。港英时期的高级官员。郭士立于1827年抵达爪哇，向当地的华侨学习汉语。1828年经新加坡去暹罗，继续在华侨中学习汉语和传教。1829年接受教会的津贴，前往马六甲，协助伦敦会工作。1831年，到澳门转广州见马礼逊，出任英国东印度公司翻译。郭士立曾经到过厦门、福州、舟山、宁波、威海等地。香港开埠之后，他成为砵甸乍的中文秘书及抚华道。香港中环吉士笠街俗称“红毛娇街”，即以他命名。1832年10月，郭士立乘鸦片商查顿商船“赛尔富号”，两次北上东北牛庄。根据自己的旅行，他撰写了《1831—1833年在中国沿海三次航行记》一书。1840年鸦片战争中，他担任英军司令官的翻译和向导。其后，他参与起草《南京条约》。1843年，他担任首任香港总督璞鼎查的中文秘书。1844年，他在香港成立传教组织“福汉会”，洪秀全战友冯云山曾为该会教徒。郭士立在编辑《东西洋考每月统记传》的同时，还翻译《圣经》分卷，编写《中国史略》、《开放的中国》、《英国史》等著述。——译注

日创办的《东西洋考每月统记传》。[1] 1834 年，该期刊第十次发行时以八开本版面印刷。

在中国最早出版的英语报纸是马地臣（James Matheson）[2]创办的《广州纪录报》（*Canton Register*）[3]。该报创刊于 1827 年 12 月 8 日，作为周刊持续出版直到香港成为英国殖民地，这时候报纸迁移到香港并改名为《香港纪录报》（*Hongkong Register*）。报纸经历了 1843—1859 年的发展。在此期间，施赖德（John Slade）担任报纸编辑，马礼逊（Robert Morrison）[4] 去世前一直为报纸撰稿。1833 年，《广州纪录报》开始作为《广州行情周报》（*Canton General Price Current*）的附张出版。

《广州纪录报》的竞争对手《广州周报》（*Canton Press*）于 1835 年 12 月 12 日创刊。该报于 1839 年迁移到澳门，于 1844 年 3 月 30 日在澳门终刊。该报还出版过一份商业附张。

在香港割让给英国之后，除《香港纪录报》之外，还有几家英

---

① 《中国丛报》（*Chinese Repository*）第 2 卷，第 186 页。

② 马地臣（James Matheson，1796—1878）是英国鸦片商。1819 年初来广州经营鸦片生意，1827 年 11 月创办《广州纪录报》（方汉奇主编：《中国新闻事业通史》（第 1 卷），中国人民大学出版社 1996 年版，第 276 页）。

③ 根据白瑞华（Roswell Sessoms Britton，1897—1951）撰写的《中国报纸（1800—1912)》（*The Chinese Periodical Press*（1800—1912））（Taipei：Ch'eng - wen Publishing Company，1966）第 27 页的记录，《广州纪录报》系半周刊，后改为周刊，由来自美国费城的伍德（W. W. Wood）于 1827 年创刊。伍德租用英商马德生（Alexander Matheson）的手工印刷机印刷报纸，随后将报纸出让给马德生，而马德生找来施赖德（John Slade）担任编辑。马礼逊定期为《广州纪录报》撰稿，从第 2 期一直到他去世。《广州纪录报》定位于广州和远东、地方性商业消息，而非法鸦片贸易成为报道的主要内容。——译注

④ 马礼逊（Robert Morrison，1782—1834）是第一位基督教来华传教的传教士。他于 1807 年 9 月 4 日抵达澳门，7 月到广州，1834 年 8 月 1 日在广州病逝，在中国从事传教和文化传播活动达 27 年之久。他在华期间，借着任职英国东印度公司翻译工作的机会，留居广州和澳门。及至 1834 年，东印度公司专利权被英国政府撤销，他受聘英国在华商务总监律劳卑（Napier）的翻译秘书。马礼逊于 1815 年在马六甲出版了最早的中文报刊之一——《察世俗每月统记传》，于 1818 年在马六甲创办英华书院，随后开设中西文印刷局，出版大量中西文的宗教书刊。他一生共出版中文著作 12 部，英文著作 19 部，为中国基督教事业奠定了良好的基础，并广泛地影响了中国教会。——译注

文报刊相继出版。《中国之友》(*The Friend of China*)初为周刊，后改为双周刊。马儒翰(John Robert Morrison)①、詹姆斯·怀特(James White)、萨切尔(Satchell)、卡尔(John Carr)和笪润特(William Tarrant)②先后担任报纸的主编。1858年，由于报纸主编与港英当局发生冲突，报纸曾一度停刊几个月，后迁移到广州继续出版，1861年停刊。两年后该报以晚报形式再次复刊。

《德臣报》(*China Mail*)是香港的重要报刊之一，创刊于1845年2月20日。萧德锐(Andrew Shortrede)担任主编。该报创刊时为周刊。1876年2月1日，报纸改版为日报，一直出版到现在。此前，它已与创刊于1864年的《晚邮报》(*Evening Mail*)合并改出日报。

《孖剌报》(*Daily Press*)是在香港出版的另外一家重要日报，创刊于1857年10月1日。该报目前的日发行量为3 000份，英国人掌握编辑权和所有权。

香港出版的其他报刊已经倒闭。《香港德臣杂项纪录》(*Dioxin's Hongkong Recorder*)创刊于1850年，1859年1月14日更名为《香港纪录报》(*Hongkong Recorder*)。《香港航运录》(*Hongkong Shipping List*)创刊于1855年8月1日。③创刊于1863年12月的《每日广告报》(*The Daily Advertiser*)于1869年5月1日改名为《香港时报》

---

① 马儒翰(John Robert Morrison, 1814—1843)，马礼逊(Robert Morrison)的次子，出生于澳门，后与母亲、姐姐回到英国。于1820年8月23日返回澳门，之后又回国接受教育。1826年5月1日由父亲带到中国，开始学习汉语，之后主要从事商业和翻译。——译注

② 《中国之友》于1863年1月迁回上海，笪润特(William Tarrant)任主编，五年后报纸所有权转让给英国人琼斯(C. Treasure Jones)。——译注

③ 为了当时的商业需求，香港在19世纪五六十年代的报刊就以船只和货价命名，其内容主要是广告、船务和商业信息，如1850年德臣(Andrew Dioxin)出版的《香港德臣公报》(*Dioxin's Hongkong Gazette*)(后改称《香港德臣杂项纪录》(*Dioxin's Hongkong Recorder*))、1855年至1857年肖锐德公司(A. Shortrede Company)出版的《香港航运录》(*Hongkong Shipping List*)(1857年至1862年改称《香港航运录及商业资讯》(*Hongkong Shipping List and Commercial Intellingence*)出版)([新加坡]卓南生：《中国近代报业发展史(1815—1874)》，中国社会科学出版社2002年版，第119页)。——译注

(*Hongkong Times*, *Daily Advertiser and Shipping Gazette*)，三年后报纸终刊。而周刊《香港政府公报》(*Hongkong Government Gazette*) 创刊于1853年9月24日。

在上海，琼斯 (C. Treasure Jones) 曾一度担任《中国之友》的主编和日报《晚差报》(*Evening Express*) 的主编。《晚差报》创刊于1867年10月1日，维持了几年时间。《上海差报》(*Shanghai Courier*) 创刊于1868年10月1日，郎格 (Hugh Lang) 担任主编，居民不断为报纸撰稿。

1871年1月4日，《上海锦囊与上海差报》(一译《益闻西报》)(*Shanghai Budget and Weekly Courier*) 创刊。当主编于1875年去世的时候，报纸的所有权被《晚报》(*Evening Gazette*) 购买。《晚报》于1873年6月2日创刊，而并购后的报纸由巴尔福 (Frederic Henry Balfour) 任主编，以《上海差报》(一译《晋源报》)(*Shanghai Courier*) 和《中国报》(*China Gazette*) 的刊名连续出版。周刊《华洋通闻》(*Celestial Empire*) 由同一家报馆发行。该周刊由葡萄牙人陆芮罗 (Pedro Loureiro) 创刊，后由巴尔福担任主编。巴尔福的著作《远东流浪儿》(*Waifs and Strays from the Far East*) 收录了在《上海差报》和《华洋通闻》上发表的文章。

中国最重要的英文报纸是在上海出版的《北华捷报》(*North China Herald*)，1850年8月3日创办，对开大报，4个版。最有意思的是，《北华捷报》列出了当时在上海定居的56名外国人的名字。1867年，该报馆又出版了《北华捷报和市场报告》(*North China Herald and Market Report*)。1867年1月5日《最高法庭与领事公报》(*Supreme Court and Consular Gazette*) 创刊，然而，该报很快与《北华捷报》合并，《北华捷报》第140期就以"北华捷报及最高法庭与领事馆公报"(*The North China Herald Supreme Court and Consular Gazette*) 的新报名出版。但是，这次报纸以周刊形式出版和发行。

奚安门（Henry Shearman）[1]、马诗门（Samuel Mossman）、詹美生（R. Alexander Jamieson）[2]、盖德润（Richard Simpson Gundry）[3]、海单（George Williams Haden）[4]、巴尔福（Frederic Henry Balfour）、麦克莱伦（T. W. Maclellan）、立德禄（Robert William Little）[5]、毕尔（H. T. Montague Bill）、葛林（O. M. Green）先后担任报纸主编。由于《北华捷报》的主编认为有必要在上海出版一份日报，最后就将《每日航运和商业新闻》（*The Daily Shipping and Commercial News*）停刊，从1864年7月1日开始，改出日报《字林西报》（*North China Daily News*），现在该报已成为中国的主要日报，而《北华捷报》成为《字林西报》的每周增刊。不过，在《字林西报》发行之前，从1861年9月15日到1862年4月，《上海每日时报》（*Shanghai Daily Times*）已经出版。

一种政治和文学观察报刊《轮回》（*The Cycle*）从1870年5月7日至1871年6月24日在上海出版，詹美生博士担任主编，该报可能是中国海关的官方报刊。

《上海记录报》（*Shanghai Recorder*）是出版时间不长的另外一份早报。该报的股票于1867年1月在上海开盘。《文汇报》（*Shanghai Mercury*）于1879年4月17日创刊，由开乐凯（John Dent Clark）[6]、布莱克（J. R. Black）和李闱登（Charles Rivington）[7]创办。至今，该报仍然是上海最有影响的西文晚报之一。《华洋通闻》有一段时间以周刊形式出版。

---

① 奚安门（Henry Shearman，？—1856），英国人。曾在华经商办报。——译注

② 詹美生（R. Alexander Jamieson，1863—1966），先后在华任《北华捷报》和《字林西报》总编。——译注

③ 盖德润（Richard Simpson Gundry，1838—1924），英国驻华记者、作家。——译注

④ 海单（George Williams Haden，1828—1880），英国驻华记者。——译注

⑤ 立德禄（Robert William Little，1840—1906），立德之弟，曾在华经商、办报。——译注

⑥ 开乐凯（John Dent Clark，1840—1922），英国记者，曾在华经商、办报。——译注

⑦ 李闱登（Charles Rivington，？—1886），英国记者，曾在华办报。——译注

《晚报》于1873年创刊。该报创刊后第八天由于遭遇一场大火而停刊。下一年，巴尔福接手《晚报》，最终与1868年10月1日创刊的《上海差报》合并，一直出版到1875年主编和报纸所有人郎格去世。然后，报纸被所有人买断，以《上海差报和晚报》（*Shanghai Courier and Evening Gazette*）的名义继续出版。《上海锦囊与上海差报》是《上海差报和晚报》的周刊，但当后者被并购时它就停刊了。

以上描述的所有报纸都是英国人创办的，而在华的美国人也感觉到创办美国报刊的必要性，他们就出版了在美国和加利福尼亚发行的《上海新闻信》（*Shanghai News-Letter*）。该报以月刊形式发行到1871年。1874年报纸所有权转移到郎格手上。郎格把《上海新闻信》和《上海锦囊与上海差报》合并，报名中使用"新闻信"代替"差报"。在1875年或者1876年，《上海新闻信》的前两任主编罗伯茨（J. P. Roberts）和约翰·莫内（John Morne）创办一种新周刊《共和政报》（*Commonwealth*），该报六周后停刊。在华外报中，美国人所有的唯一报纸就是《华北明星报》（*North China Star*），它于1918年在天津创刊。把这份报纸说成完全意义的美国报纸是不合适的，因为报纸的部分所有权在中国人手里。《大陆报》（*China Press*）是最接近美国采集新闻和制作新闻模式的报纸，由密勒（Thomas Franklin Fairfax Millard）[1]、卡尔·克劳（Carl Crow）[2]和费莱煦（Benjamin W. Fleisher）[3]三位美国人创办，而费莱煦现为东京《日

---

① 密勒（Thomas Franklin Fairfax Millard，1868—1942），美国新闻工作者，曾在华办报、从政。——译注

② 卡尔·克劳（Carl Crow，1884—1945），出生于美国密苏里州，是民国时期活跃于中国新闻界的著名报人和企业家，《大美晚报》的发起创办人之一。从1911年到1937年，卡尔·克劳定居上海，创办了中国第一家近代广告公司卡尔·克劳公司（Carl Crow, Inc.），经营达19年之久，首创老上海美女月历牌。卡尔·克劳是坚定的亲华抗日分子，见证了中国近代许多重要历史事件。20世纪三四十年代，卡尔·克劳撰写了《我为中国人说话》（*I Speak for the Chinese*）、《四万万消费者》（*Four Hundred Million Customers*）等大量关于中国报业、商业、宗教和文化的著作。他去世前仍有很多书稿未出版。——译注

③ 费莱煦（Benjamin W. Fleisher，1870—1946），美国记者，曾在华办报。——译注

本广告》(*Japan Advertiser*) 的主编和出版人。《大陆报》的所有权由中美共同掌握，直到几年后转移到英国企业手里。至今该报仍然由美国人掌握着报纸的编辑方向和新闻采写。报纸日发行量大约 5 000 份。

上海的三种法国报刊寿命都不长。《上海新闻》(一译《法国七日报》)(*Le Nouvelliste de Shanghai*) 周刊创刊于 1870 年 12 月 5 日，一直出版到 1872 年底。之后，《上海信使》(*Le Courier de Shanghai*) 取而代之，它创刊于 1873 年 1 月 16 日，出版三期后即停刊。《进步》(*Progress*) 创刊于 1871 年 3 月 21 日，它与《上海新闻》展开了残酷竞争，最终两败俱伤，都停刊了。《进步》于 1872 年 1 月 23 日终刊。

日报《上海回声报》(*L'Echo de Shanghai*) 于 1885 年和 1886 年仅出版几个月。《中法汇报》(*L'Echo de Chine*) 作为远东法国人的主要报刊，创刊于 1895 年，至今仍在出版。与英美的报纸比较而言，《中法汇报》只是一家小型日报，它的版面规格尺寸小，页码少。该报版面为六栏八版。

《德文新报》(*Der Ostasiatischer Lloyed*) 的主编芬克 (C. Fink) 于 1902 年在上海创刊《远东》(*Der Ferns Osten*)①，只出版了三期。《德文新报》创刊于 1866 年，该报由于报道 1917 年 8 月中国对德宣战被禁。

在澳门出版的《中国蜜蜂报》(*A Abelha da China*)② 可能是“恒河外方传教计划”的报刊，于 1822 年 9 月 12 日创刊。1824 年，该报更名为《澳门钞报》(*Gazeta de Macao*)。1826 年，《澳门钞报》

---

① 原文为 *Der Ferns Osten*，应该为 *Der Ferne Osten*。——译注

② 《蜜蜂华报》(*A Abelha da China*) 的正确译名应该为“中国蜜蜂报”(李长林：《近代澳门外报史稿》，广东人民出版社 2010 年版，第 65 ~ 75 页)。由于戈公振先生在《中国报学史》中将该报名称勘定为“蜜蜂华报”，以后绝大多数现当代著述都将其说成“蜜蜂华报”。——译注

停刊。半月刊《澳门编年报》（*Chronica de Macao*）于1834年10月12日创刊，到1837年或者1838年终刊。接下来，1836年6月9日半周刊《澳门土生公正报》（*O Macaista Imparcial*）[1]创刊，1838年遭遇政府镇压停刊。《真爱国者》（*O Verdadeiro Patriota*）于1838年创刊，取而代之。《澳门政府公报》（*Boletim Official de Governo de Macao*）于1839年1月9日出版，在出版和发行首期后，报刊名称改为《澳门钞报》（*Gazeta de Macao*）[2]。

《京津泰晤士报》（*Peking and Tientsin Times*）是于1894年3月在天津出版的周报，1902年10月1日该报改为日报发行。裴令汉（W. Bellingham）为首任主编和所有人。

实际上，外语报刊对中国产生了巨大影响。对外妥协让步，使中国这个有着悠久历史和广阔疆域的国度好像陷于外国势力的影响下，而这些却有助于外报的创办和发展。这些早期外语周报和月刊以这样或那样的形式影响或者催生了一大批具有现代新闻意义的中国本土报纸。直到1852年，当时中国驻美国公使伍廷芳博士建议翻译《德臣报》和《孖剌报》上的文章，中国才有了现代意义上的第一张日报。这些译报在华南地区的发行很可能导致了香港第一张中文日报的问世，即1852年出版的《中外新报》（*World Commercial Gazzeta*）。该报随后与《香港华商总会报》（*Hongkong Chinese Commercial News*）合并，后者由香港华商总会于1919年5月1日创办。中国第一张日报出版8年后，第二张日报《华字日报》（*Chinese*

---

① 根据李长森《近代澳门外报史稿》（广东人民出版社2010年版，第65、88页）的考证，《帝国澳门人报》（*O Macaista Imparcial*）的正确译名应该为《澳门土生公正报》。中国现当代大多数著述以讹传讹，都称其为《帝国澳门人报》。——译注

② 根据李长森《近代澳门外报史稿》（广东人民出版社2010年版，第88～91页）的考证，现当代中国大陆不少学者对《澳门政府公报》的出版信息、内容和性质认识不清。《澳门政府公报》于1838年9月5日正式出版，根据葡萄牙政府1836年12月7日法令第13条规定，《澳门政府公报》用于发布各种官方法令政令，俗称“宪报”。该报自创刊起至1839年1月9日，仅出版5期即暂时停刊，1840年1月8日复刊，故不存在所谓改名问题。据此判断，汪英宾关于该报的论述有误。——译者

Gazette）在香港出版。[1] 然而，这两张报纸不能作为中国现代报纸的开端，因为香港从 1841 年开始成为英国殖民地，严格意义上讲不能作为中国政府管辖领地。这里关于在华外报的描述可以作为中国本土报纸开端的历史背景，我们将进入下一个章节——中国现代本土报纸的兴起。

① 根据新加坡华裔学者卓南生先生的观点，《中外新报》能否被称为香港第一份中文日报，仍有待考证，其由前身《香港船头货价纸》转变为名副其实的日刊是在 1873 年，略晚于《上海新报》和《申报》。参见卓南生：《中国近代报业发展史》，中国社会科学出版社 2002 年版，第 113、114 页。——译注

第二章　中国现代本土报纸的兴起

中国报刊史可以大体划分为四个时期。第一个时期称为官报时期，始于汉朝，止于1850年。从1850年开始，中国经历了在华外国报刊繁荣发展的40年——这个时期用本土和外国语言出版的报刊由外国利益集团创办和经营，即中国报刊史的第二个时期，我们所谓的外国报刊影响下的中国报刊时期。第三个时期是本土报刊兴起的时期，大约从1870年开始，持续到1911年辛亥革命。从1911年开始到现在，是我们所谓的中国报刊发展的第四个时期——现代报刊时期。①

中国报刊发展的前两个时期，即官报和外国报纸影响下的中国报刊时期，在第一章已经作了一定程度的论述。因此，我们将从本章开始探讨第三、第四个时期，即1870—1911年本土报刊兴起的时期和从1911年至今中国现代本土报刊时期。

作为1895年中日战争的结果，清政府开始着手创办报纸。光绪

---

① 20世纪二三十年代的中国新闻学著述对中国新闻业史进行了类似的历史分期。1922年，秦理斋在《中国报纸进化小史》一文中，首次对中国新闻事业进行历史分期，“纵观我国新闻事业，自唐迄今千一百余年间，略可分为四期：嘉道以前为官报时期，甲午以前为西人办报时期，光复以前为华报开创时期，民国以后为华报勃兴时期”。戈公振《中国报学史》（1927）中把中国新闻业史划分为四个时期：官报独占时期、外报创始时期、民报勃兴时期和报纸营业时期。蒋国珍在《中国新闻发达史》（1927）中，同样把中国新闻业史划分为四个时期，即官报时代（？—1850）、西人编报时代（1851—1894）、中国报开创时代（1895—1911）、中国报勃兴时代（1912—1924）。在《中国新闻舆论史》（*A History of the Press and Public Opinion in China*）（1936）中，把中国新闻事业划分古代报纸时期和现代报纸时期，进而将现代新闻时期细分为现代新闻业的开端（1815—1895）、辛亥革命前新闻时期（1895—1911）和辛亥革命后新闻时期（1912—1936）三个时期。——译注

皇帝在1898年12月12日颁布圣旨，命令出版报纸作为服务其改革活动和启迪民智的模型。[1] 掌管官书局的礼部尚书和文渊阁大学士孙家鼐[2]被任命来实施此项圣旨，官书局的出版物命名为《官书局汇报》。该报采用小册子的版式，刊登大量从英文和日本报刊中翻译来的稿件以及朝廷圣旨。这道圣旨标志着中国政治改革的开端，促进了维新派组织的兴起，也导致了慈禧太后下令幽禁光绪帝。正是维新派这帮青年改革者发起了中国本土报纸首先作为引领改革并对国人从保守转向进步施加精神影响的改革运动。

维新派出版《万国公报》，梁启超曾担任报纸的主编。梁启超一直是中国的名记者之一。《万国公报》免费派送给《京报》订阅者，发行量达3 000份。慈禧太后集团镇压维新派，《万国公报》随之终刊。梁启超逃亡上海，其矢志不移的改革雄心给予他战斗不止的精神，他在上海又创办了《时务报》。由于《时务报》深受每一位热情的改革者的欢迎，故遭到封杀，梁启超被迫逃到日本，寻求政治避难。

---

① 白瑞华在《中国报纸（1800—1912）》（*The Chinese Periodical Press*：1800—1912）中有关论述如下：维新派在1894—1895年中国被日本战胜后增强了势力，光绪皇帝也成了维新派。1896年3月，维新派被镇压后，北京的形势发生了变化。尽管控制了朝政达两年之久的维新派被镇压了，但是，朝廷还是实施了一些刚刚被禁止的改革措施。根据御史胡孚宸的奏折和总理各国事务衙门的备忘录，皇帝下令把曾经被关闭的北京强学会书局改造成一家官方出版机构——官书局。这家书局恢复了原来强学会书局的出版计划，主要出版有关西方司法、科学、农业等书籍（白瑞华：《中国报纸（1800—1912）》，暨南大学出版社2011年版，第106页）。——译者

② 孙家鼐（1827—1909），清末大臣。字燮臣，号蛰生、澹静老人。清安徽寿州（今六安寿县）人。咸丰状元。1864年提督湖北学政，后屡充考试试差阅卷大臣。1876年，与尚书翁同龢同任帝师。他主张阅读去皇帝壅蔽，然要严禁“渎乱宸聪”，并建议酌置散卿，广集人才，以资议政。甲午战起，力言“衅不可启”，主张妥协。1895年，列为北京强学会。1896年，主持官书局。1898年，以吏部尚书、协办大学士管理京师大学堂。建议增设中心学堂、速成学校及医学校。戊戌维新时，向光绪帝推荐冯桂芬、郑观应等人的著作，但又奏称康有为“学术不端”。1900年，八国联军入侵，逃往西安。后援礼部尚书，任体仁阁大学士，历转东阁、文渊阁大学士，晋武汉殿大学士，充学务大臣、政务大臣、编纂官制总司核定等。1907年，任资政院总裁，参与“立宪”事宜。谥文正。——译注

此时的日本是政治避难的“港湾”，后来作为维新派改革喉舌的第一份出版物就在日本由一群年轻的共和派分子出版，他们正是在19世纪末和20世纪初的这个岛国开展改革的先期工作。在革命党事业发展中，梁启超积极创办和编辑一系列革命报刊，直接影响了公众的阅读习惯，并间接影响了整个民族。其中著名报刊包括《新民》周刊和《新民丛报》、《庸言》两份类似报纸。

这些报刊的内容和编辑技术都十分现代。每期都刊登关于爱国主义、民族主义、改革意义和伦理道德等启迪民智的论文。这些文章笔法精致、文风流畅、论证缜密，大部分出自梁启超之手。梁启超的著述后来结集成册为《饮冰室文集》，该文集以其深邃的思想和优美的文风至今仍被人们广泛阅读。报刊关于社会和政治现状的批判、腐败官员的讽刺及其教育作用的论述都是明显而意义深刻的。同时，上海作为通商口岸之一，那里的编辑享有更大的言论自由，也成为革命活动的首选地点，正如天津和汉口等外国租界一样。

革命前的中国报纸以其反抗意识著称，它们反对独裁、反对外国势力和反对鸦片，而且所有报刊都是某政党或集团的宣传喉舌。一些报刊生存下来，改变其编辑政策以适应时代的变化，从而持续出版。其中出版至今的报刊有：厦门《福建日日报》；广州《南粤报》、《羊城小报》[①] 和《七十二行商报》，而《七十二行商报》是影响整个华南地区的政治和商业报纸；烟台《芝罘报》[②]；杭州《全浙公报》；汉口《汉口时报》；开封《河声日报》；南昌《江西明报》；北京《北京日报》、《顺天时报》、《国民公报》；上海《中国时报》、《越铎日报》；天津《京津泰晤士报》、《大公报》、《天津每日新闻》；济南《简报》。在这些革命报刊中，有些只是留下了名字和

---

① 根据史和、姚福申、叶翠娣编：《中国近代报刊名录》，福建人民出版社1991年版，第167页，此处《羊城小报》应该为《羊城日报》。——译注

② 根据史和、姚福申、叶翠娣编：《中国近代报刊名录》，福建人民出版社1991年版，第145页，此处《芝罘报》应该为《芝罘日报》。——译注

经历了办报的努力，而其他的则成长为各地的著名报刊。

截至目前，中国报刊发展最主要的动力来自1900年武昌起义。[①]外国军队占领北京，朝廷内的纷争，可怕的赔款，所有这些因素综合起来动摇了中国人长期以来自以为泱泱大国的自信心。他们开始调查西方国家迅速发展的原因。他们对西方艺术和科学产生了浓厚的兴趣。据估算，在1905年，有不少于600篇的科学论文被翻译成中文。

到1879年，中国海关总税务司司长（朝鲜海关总税务司司长）柏卓安（John McLeavy Brown）[②] 已经建立了大清邮政局，而且实施了可能是世界上收费最低的邮费制度，这极大地鼓舞了现行中国报纸的发行量。

在1896年到1905年期间，中国有近1 000种报刊，其中大部分已经终刊。这段时间中国报纸之所以能大发展是因为清朝统治者的腐败越发明显，政治鼓动达到了白热化程度，革命党日益壮大。

1911年辛亥革命主要由三股力量策动而起，即海外的爱国者、报界和公共演讲，这标志着现代本土报刊的开端。由于言论和新闻更加自由，中国本土报刊进入第四个发展阶段——完全意义的现代化报业阶段。从此之后，新闻事业的影响日渐强大。袁世凯称帝以及后来张勋复辟的失败，学生运动节节成功，安福系、梁士诒内阁和其他很多军阀执政者的倒台都归功于现代报刊的巨大力量。尽管军阀势力依然形成可怕的混战局面，然而最终证明口诛笔伐的力量胜过枪炮的威力。

现在，中国各大城市出版1 000多种日报、周报和月刊，因而列举影响舆论的报刊清单是可能的事情。中国社会几乎每个阶层都出版自己的报刊。例如，广州乞丐帮拥有自己的报纸，广州的女孩歌

---

① Franklin Ohlinger, The New Journalism in China, in *World's Work*, October, 1910.

② 柏卓安（John McLeavy Brown, 1842—1926），英国人，曾在华任海关官员。——译注

唱团体也出版了自己的报刊[①]，最近在上海出版有专业月刊《中国药剂师》，在广州出版有《劳动者》、《周报》。最近出版的报刊有《中国航空杂志》、《中国实业杂志》和《中国兵器》。据说，基督教徒冯玉祥将军出版了《士兵周刊》，这可能是中国第一种由士兵编辑，并以士兵为读者对象的报纸。

始于1917年的新文化运动催生了很多极具影响力的报刊，如《新青年》、《解放和建设》、《建设》、《复兴》、《教育潮》[②]、《新中国》等。作为新文化运动中知识复兴的表征，这些报刊的兴起成为一种引人注目的现象。儒家教条遭遇抨击，封建忠孝思想受到拷问，人们不再满足于一种伦理道德的陈述方式。他们提出问题，并试图作答。在这个社会转型的过程中，人们愿意研究所有关于理解社会、知识、宗教、政治、经济、教育等问题的理论根据。为此，译自外国作者的各类译文刊登在几乎所有的报刊上。卡彭特（Edward Carpenter，1844—1929）的《博爱当道》（*Love's Coming of Age*）[③]，马克思的《资本论》（*Das Kapital*），英国空想社会主义思想家欧文（Robert Owen，1771—1858年），法国小资产阶级社会主义者、历史学家和政治活动家路易·勃朗（Louis Blanc，1811—1882）和法国思想家圣西门（Henri de Saint-Simon，1760—1825）等人的作品很快被国人所接受。一些特刊或纪念号，如杜威专号、易卜生纪念号等普遍刊登在日报周末版和杂志上。

---

① 徐世昌：《日新宏议》。

② 1919年4月，浙江省教育会在经亨利主持下，将《教育周刊》更名为《教育潮》，并扩大篇幅，改为月刊，以介绍世界教育思潮、批评中国教育弊端、讨论新教育建设为主旨，对新思潮传播及五四新文化运动之开展均发挥了作用。第六期出版后曾一度停刊，复刊后蜕变为鼓吹尊孔、读经，反对新思潮之出版物。《教育潮》第一卷第一期封二记载有"本社编辑员姓名"。主编：沈仲九；编辑：余寄（吾生）、何诏韩（竞明）、胡祖同（孟嘉）、袁易（心产）、秦炳汉（吉人）、夏铸（丏尊）、张天柞（中虚）、张廷霖（萍青）、冯学一（季铭）、刘靖裔（大白）、叶谦（墨君）。——译注

③ 卡彭特（Edward Carpenter，1844—1929）是19世纪末英国著名的社会主义思想家和社会改革活动家。——译注

最为重要的是，报刊极大地促进了中国文化的改革。深受中国文人喜爱而影响广泛的古体诗、策论和八股文等逐渐得以改变。尽管遭到一些旧文人的反对，但是新文化运动倡导的以口语化的书写来代替复杂的文言文的白话文运动迅速赢得了支持。

1919 年的学生运动加速了中国报刊的发展。中国新一代年轻人觉悟到自己的国家靠军事力量不能打败日本，他们应该转向笔端。各类规格的青年报刊如雨后春笋般创刊。虽然很多报刊创刊后随即停刊，但是它们所发挥的示范作用足以刺激新报刊的出现。

同时，中国也出现很多技术和专业报刊，如《科学》、《学艺》(*Wissen und Wissenschaft*)[①]、《国家历史》、《数学和科学杂志》、《银行家周刊》、《铁路协会会报》、《矿产杂志》、《中医杂志》等。

之前，政府倾向于实行愚民政策，封锁信息，然而共和制下的国民政策鼓励民众了解国家的教育、经济、政治、商业、金融等方面的实际情况。而这件事情则依靠政府各部门出版报刊的途径来实现。例如《观象丛报》、《财经杂志》、《农商杂志》，以及审计院、教育部、司法部和内务部等出版的报刊。

与保守中国的其他变化相比，中国报纸的发展相当显著。1891 年，中国仅出版 31 种报纸。[②] 1913 年，报纸数量增加到 330 种。[③] 截至 1921 年底，在中国邮政局注册和发行的各类报纸共计 820 种。[④]

中日甲午战争以来的中国本土报刊的概览暂且论述到此，下面的段落将详细介绍现代新闻业的发端——报刊的发展历程。

《申报》

中国连续出版历史最长且办得比较成功的日报是《申报》。《申

---

① 可以确定的有趣现象是，有些报刊热衷于在原中文名字旁加注外语。

② 波乃耶：《中华事典》(《中国风土人民事物记》)。

③ 《中国年鉴》(1913 年)。

④ 《中国年鉴》(1921 年)。

报》于1872年4月30日创刊于上海。当时上海已经出版了几种日报，但是它们都未逃过困扰新闻企业的障碍，最后陷入倒闭的境地。[①]《申报》的创刊者是英国人美查（F. Major）。《申报》是美查在中国投资的三个企业之一，其他两个是江苏药水厂和申昌书局。由于报纸的主编和经理人都是平庸之辈，第一期的报纸并未取得成功。第一期报纸采用稀薄的单页中国纸张，单面印刷。这种单页纸折叠成8个$9\frac{1}{2}\times9\frac{1}{2}$英寸的版面。第一期《申报》的复本现在保存在上海《申报》图书馆。刊登在《申报》创刊号头版的“本馆告白”如下：

今天下可傳之事甚多矣而湮没不彰者比比皆是其故何歟蓋無好事者為之紀載遂使奇聞逸事闃然無稱殊可嘆惜也溯自古今以來史記百家載籍極博山經地志紀述綦詳然所載皆前代之遺聞已往之故事且篇幅浩繁文辭高古非薦紳先生不能有也非文人學士不能觀也至於稗官小説代有傳書若張華志博物干寶記搜神齊諧為志怪之書虞初為文章之選凡兹諸類均可流觀維其事或荒誕無稽其文皆典贍有則僅能助儒者之清談未必為鴉俗所共賞求其紀述當今時事文則質而不俚事則簡而能詳上而學士大夫下及農工商賈皆能通曉者則莫如新聞紙之善矣新聞紙之製創自西人傳於中土向見香港唐字新聞體例甚善今彷其意設申報於上洋凡國家之政治風俗之變遷中外交涉之要務商賈貿易之利弊與夫一切可驚可愕可喜之事足以新人聽聞者靡不畢載務求其真實無妄使觀者明白易曉不為浮誇之辭不述荒唐之語庶幾留心時務者於此可以得其概而出謀生理者於此亦不至受其欺此新聞紙之作固大有益於天下也且夫天下至廣也其事亦至繁也而其人又散處不能相見也夫誰能廣覽而周知哉自新聞紙出而凡可傳之事無不编播於天下

① 创刊于1870年的《上海新报》的创办时间不长，关于该报创刊和终刊的史料不详。

矣自新聞紙出而世之覽者亦皆不出户庭而知天下矣豈不善哉惟是事雖繼興例若初創或恐囿於方隅限於知識遺漏滋多尚希四方君子進而教之匡其不逮實有厚望焉申報之人謹白

在太平天国起义被镇压后的19世纪七八十年代，中国处于一个和平年代。朝廷中忙于奉承皇上的政客们实际上无暇顾及报刊的发展，热衷于科举考试这条唯一进入仕途的士子们都不愿在报刊上浪费时间，而涉足报刊的所谓“秉笔华士”遭到当时国人的蔑视。报刊编辑的岗位往往由科考失败的士子们担当，而他们从事此项事业旨在把报刊作为表达其个人不幸命运的泄愤工具。这样的报刊报道者无从采集有价值的新闻，因此当时的报刊充塞着“无病呻吟”的文章。报刊内容通常都是琐碎而无聊的，大致分为三类：①向中央和地方政府官员发布的圣旨；②来自不同省份的省府科考、谋杀案和鬼故事等；③诗歌栏目刊登缺乏主题的文人诗歌。报纸广告版则主要刊登市场行情、航船价日和戏院节日单等。

第三任主编黄协埙（1851—1924）先生在纪念《申报》创刊五十年的《最近之五十年》中讲述了《申报》创办初期的故事[①]：

越年。台湾生番戕杀高丽人。[②] 日本兴师问罪。美查竭其精力四出采访。务得真情。载之报章。无淫无饰。由是人知新闻之有益。争先购阅。日销数千张。而美查之精力亦已竭尽无余矣。旋见销数日增。声誉亦日盛。乃易毛太为赛连纸。冀得多载新闻。而朝廷谕旨及新闻之关涉紧要者。皆用电报飞传。

洎越南用兵。与法开战。他报皆讳败为胜。以掩一时之耳目。美查则雇一俄人随法营探报。既详且确。备录无遗。而无识者反谓

---

① 黄协埙：《本报最初时代之经过》，《最近之五十年》，申报馆，1922年。——译注
② 应为琉球漂民。——译注

为偏袒法人。几以申报为集矢之鹄矣。是时与之相角者有沪报。沪报专用笼络阅者之法。申报独守正不阿。洎石浦沉船。基隆失地。华军之懦弱不任事。几于道路皆知。而申报之冤乃得大白于天下。是时申报销数益畅旺。

1886年，美查先生对《申报》取得的业绩感到满足，将报纸卖给一家公司并返回英国。这家公司首先在两位英国人的管理之下，他们的姓名不为人知达20年之久。在这20年里，《申报》成为中国最保守的高级知识分子——士子们的报纸，这要归因于第三任主编黄协埙先生，他的办报理念和个人倾向性使得报纸有可能持续对高级知识分子阶层的公共读物感兴趣。

义和团运动爆发之后，维新变法运动处于飘摇状态。很自然，各种进步报纸在全国各地迅速创办起来。然而，《申报》在上海继续坚持保守的编辑理念。这时，读者逐渐将注意力从《申报》转移到其他进步报纸上。《申报》的英国老板对此感到震惊。《申报》管理层由于惧怕所面临的危机，选举金剑华先生担任主编，邀请张默（蕴和）先生专撰社论。1904年底，《申报》重组会议召开，会议制定了新的报纸经营策略，报纸页码也增加了。第二年的第三天，改版后的《申报》像一枚威力巨大的"炸弹"出现在人们面前。[①] 每个人都感到惊奇，从此《申报》总是领导新运动，或者担当改革的领军者。

1907年春，《申报》的英国所有人想把其资金投入其他生意，就以7.5万银元的价格将其卖给席子佩先生。席子佩管理《申报》

---

① 根据雷瑨：《申报馆过去之情况》，《最近之五十年——申报馆五十周年纪念》，"新政萌芽时，上海一埠增添之报纸，如《时报》、《中外日报》等，其精神形式力求更新，以促使世人之注意。而《申报》仍不动不变。于是销路就衰，一落千丈。《申报》馆公司大班（董事长埃皮诺脱）深恐营业失败，至公元一九〇五年商决内部大改革，推举金剑华总其成，并添张默（蕴和）专任论著"。汪英宾此处的论述有失准确。——译注

长达四年，却未取得明显的进步。

1911年辛亥革命爆发，现任总经理史量才以30万美元的价格从席子佩手里购买了《申报》。在史量才的管理和陈冷[1]的编辑理念指导下，《申报》进入繁荣时期。1922年，为了纪念《申报》创立五十周年，史量才组织撰写长达600页的纪念录《最近之五十年》。在前言中，史量才写道：

五十年来我报纸消长起落，曷胜沧桑之感。虽然事无大小，物无新旧，有结构，加之以奋斗精神。而不为感情所冲动，事实而不为荣所转移，力争自存而不任自杀充天地四大之力。

这就是一家本土报纸的出版商所发出的肺腑之言，难怪《申报》被誉为中国历史最悠久的主要日报。

至于报纸的编辑政策，我们在《申报》于1921年发行的一本小册子里发现了这段描述：

《申报》采纳了一种已经由其声名鹊起广泛证明的英明办刊策略。它的编辑策略是不偏不倚，其成功的编辑毅然扮演着倡导者的角色，他们以明确的言辞指出了报界所效仿的正确道路。它摈弃了只能给偏激的评论家带来一时满足的谩骂式新闻消遣功能。《申报》

---

① 陈冷（1876/1877—1965），名景韩、景寒，笔名冷、冷血、无名、景、不冷、华生、新中国之废物、冷笑（与包天笑合作）等。江苏松江（今属上海市）人。陈冷早年留学日本。1901年（清光绪二十七年）参加同盟会。1902年任上海《大陆》月刊编辑。1904年应聘上海《时报》主笔，努力进行业务改革，奠定了现代报纸的基本版面形式；首创短评，配合时事，抒发议论，称为“时评”。1909年10月起与包天笑合编上海有正书局出版的《小说时报》月刊。1912年，史量才接办《申报》，陈冷为总主笔，直至民国十九年（1930年）。以后一度担任中兴煤矿公司董事长兼协理。1934年（1945年）抗日战争胜利后，重进《申报》馆，担任该报报务委员会委员。1935年（1946年）5月，《申报》成立新董事会，任常务董事兼发行人，直至1949年5月《申报》停刊。1956年起历任政协上海市第二、三、四届特邀委员。曾以《侠客谈》一书纵横武侠小说领域。1928年为早期黑白无声电影《白云塔》编剧。——译注

付出极大的努力，致力于商业和教育事业的指导和鼓励。它为读者提供了理性的娱乐形式，而没有以任何方式降低其高尚的道德标准。[①]

陈冷自从1911年以来担任《申报》主编，他在《二十年来记者生涯之回顾》中阐述了关于报纸编辑的政策[②]：

前之十年，余对于报纸，惟有一念，时时自思曰："必若何而后人阅我报。"后之十年，余对于报纸，另易一念，时时自思曰："必若何而后人阅我报而有益。"

人之识见、学问、精神有限，必谓日日所出之报，为一无差误。盖必不可能之事，惟差误之处确系差误而非有意为之，则对于己之责任尽矣。

余谓做报最简单之规则惟慎择可靠之访员，据访员之报告再澄以各种纸参考采为记事。然后，根据记事发为明白公平之评论如是而已。

记者之职业不可自视太高。报纸之一方面固可指导舆论而又一方面亦当受舆论之指导。然亦不可自视太卑，一切皆可让步，惟此意思之自由断不能为人收买。

世间原无绝对自由之事，惟同一不自由毋宁屈于威力而不可自行贩卖。屈于威力外虽束缚而心尚自如，若自行贩卖则并一己之意思而亦丧失之矣。斯实可谓世间最不自由之人。

做报之用力不在一时，而在继续继续又继续而至于毕昇，则其效验必视乘兴而来兴尽而去者为大。盖报与时为一体，无时无刻不在继续，中故报亦当如是也。

---

① 《〈申报〉故事》，1921年。

② 《最近之五十年》中的《二十年来记者生涯之回顾》。

借之与还为世间不可逃之公例。凡根本之实力不足而欲以急就之方收过分之功效者，皆名曰："借故做报而取奋兴人心之法，以求销数之增加，虽能收效于一时，而奋兴之力既过，终且日益衰落。"此即借之与还也。

权者，世间之公器。人在其职，不过代为之运用耳。故一旦权在其手而取以自便其私，则权必不能久。

总之，《申报》的编辑政策支持和重视工业和教育报道，他们相信通过鼓励舆论和独立思考，国民就会走向民主。

由于《申报》最早是由英国人创办的，所以其版面编排模仿英国报刊的形式。一期报纸通常包括三张或四张单页纸，而非版面。每张报纸通常按照英语出版物的格式划分为四个版面，而每张报纸的两面都标有"第一报"。广告和评论的安排与我们在英国报刊上所发现的十分相似。主要广告占据头版，因为中国人的阅读习惯是从右至左，因此中国报纸的头版在美国日报上正好是最后一版。来自外埠的电报、特讯、外国新闻、国内新闻、地方新闻和一些特稿的栏目依次排开。新闻的重要性通过诸如圆圈和三角等印刷符号的应用加以强调。

中国报刊主编和出版商中间日益生发这样的理念：报刊的功能不仅在于提供新闻和评论，它们还有提供教育和娱乐的功能。这样的理念催生报刊创新出很多特殊栏目或版面、附张。《申报》设立两个每日栏目：《自由谈》和《常识》。

《自由谈》和《常识》栏目于 1911 年增添到《每日特讯》栏目上。该栏目占每天的半个版面，内容包括旅行记、连载小说、戏剧评论、诗歌、小故事和杂谈等文学作品。

《常识》栏目创立于 1920 年 6 月。尽管仅占半个版面，但该栏目包括 9 个部分：卫生、法律、伦理、经济、教育、科学、宗教、市场和问答。该栏目中有些信息是从外国报刊翻译而来的，但主要是由与该报员工建立联系的中国作者或者圈外的撰稿人提供的。

《申报》出版两份周刊附张：《星期增刊》和《申报汽车增刊》。《星期增刊》创刊于1919年9月，包括类似于美国报刊周日版中的特稿和其他文体。唯一不同之处在于，《星期增刊》提供关于世界局势的一周大事回顾，附带一些批评，旨在激起国民对国内外问题的兴趣和关注。

《申报汽车增刊》创刊于1921年11月27日，这对于中国新闻业而言是一种创新。《申报》是唯一设立这种特稿栏目的本土报纸。设置这种栏目的初衷是倡导修建好公路和较为畅通的交通途径。碰巧的是，《申报汽车增刊》创刊号正是在1921年11月26日上海首届汽车展开幕的时候发行。该栏目还服务于中国日益增多的汽车主和上海以及其他地区的外国公司。它是中国商家和汽车制造商代理之间的交流中介，为双方提供表达自己观念和建议的机会，以确保在华汽车商业达成更多的交易。副刊所刊登的文章旨在帮助中国的车主跟踪和了解汽车世界的发展状况，为他们提供配有最新款汽车插图的新闻，提供易于理解和应用的汽车驾驶的要领以及关于车速和安全方面的建议。

《申报》每年都出版三种专刊，即共和纪念专刊、圣诞专刊和新年专刊。圣诞专刊创办于1919年，新年专刊创办于1920年。这两种专刊上刊登的一些应时文章受到公众的广泛阅读和喜爱。

共和纪念专刊的出版已经成为《申报》年度重大事件和项目。从1918年即共和国建立7年以来，《申报》一直出版该大型专刊来纪念10月10日共和国的建立这个值得庆贺的日子，就像美国人在7月4日国庆日进行庆祝活动一样。该专刊以三个版面刊登富于趣味和具有特定意义的文章。专刊每年共出版60期或者更多，在整个中国的年发行量为150 000份。其中的文章通常由中外知名人士撰写。外国人撰写的一些重要文章都用中文或他们的母语如法文、英文、德文等撰写。专刊内容是一年来编辑成果的集中展现，可视为中华民国历史的部分缩影。

除了上述随《申报》主刊出版的所有副刊和专刊之外，《申报》还出版一种叫做《〈申报〉教育副刊》的独立副刊，中文名称是《教育与生活》。像《纽约时报》出版的年鉴一样，这份专刊以杂志形式每周发行一次，订阅者主要是对教育问题有特别兴趣的人士。它是当时中国所有日报出版的关于教育话题的周刊中最权威的一份。专刊周复一周地刊登阅读性文章，不接受广告，因为出版商旨在把它打造成一份公共读物而非商业性期刊。在《教育与生活》发刊词中，对刊物的创办宗旨作了清晰的表述。这里，我们翻译部分作为明证：

《申报》为公众提供周刊《教育与生活》，出于三方面的考虑：第一，教育在人生中占据中心地位；第二，缺失教育，人生的问题就难以解决；第三，生活与教育是密切相关并相互依赖的。缺乏环境因素的大自然并不完美。过于低下的人如何成为贤哲？知书达理的那些人的职责就是使别人理解他们。

《申报》“是目前中国所有报馆中唯一拥有自己的现代化办公大楼的。这座五层混凝土大楼内设有一个图书馆、画版室、美编室、俱乐部，还有一套最新式的印刷设备”①。《申报》大楼的特色让很多外国的参观者感到耳目一新，无论是记者还是一般游客。北岩爵士②在去世前不久曾到中国，他这样评价《申报》大楼：圆拱顶的大厅就像一条巨龙横跨上空，一棵小树倒立头顶；似一只大螃蟹曾爬上椰子树，扔下一个椰子，返回地面并打开椰子，但他从未见过像中国《申报》这样令人惊奇的报业大楼。

① 徐世昌：《日新宏议》，第110页。

② 北岩爵士（Alfred Harmsworth，1865—1922），又译为艾尔弗雷德哈姆斯沃思，英国现代新闻事业奠基人，被誉为“舰队街的拿破仑”。——译注

申报大楼是一座钢筋水泥结构的建筑，由一位美国建筑师设计建造，是上海山东路报业区的第一座大楼，该区可谓上海的“舰队街”。《申报》印刷室坐落在汉口路的十字路口，采用直观设计，设有大块平板玻璃。业务室和财务室位于一层，半拱顶设计，饰有壁画，精雕细琢，美轮美奂。大楼每层地板均采用水磨石铺设，一层壁墙为大理石装饰。三楼设有宽敞的编辑委员会室，这里有时也用作宴请来访中外记者或官员的餐厅和茶会室。四楼独具特色，当时的美国尚未有此等建筑设施。四楼有编辑和业务人员的独立房间，为单身编辑和其他员工提供宿舍用品。这一层还设有摄影冲晒室、存报室等，存报室中收藏着《申报》创刊以来完整的一套报纸，这似乎是中国报馆中最完善的资料室。第五层或者说楼顶的花园独具特色。楼层一半用作花棚，里面栽培着葡萄藤和各色盆景。另一半被辟作休闲室，里面设有理发室、棋牌厅、台球室、小型厨房和会客厅。

《新闻报》

《申报》创刊之后，上海的一家英文日报《字林西报》于 1880 年创办中文报纸《沪报》。不久，随着《沪报》的停刊，《新闻报》于 1893 年创刊。《新闻报》成功跻身于上海报坛，随后一跃成为中国第二大中文报纸，仅次于《申报》。

《新闻报》已经走过了第三十个年头，在现行管理体制下运行了 24 年。1898 年，现有的新闻报集团从德商瑞生洋行手中购得。此前，《新闻报》作为美国领事法庭的清算结果由瑞生洋行从以前的所有者那里接手。多年来，《新闻报》一直以私人公司模式运营，后来转变为有限公司，受香港法律约束。之后，作为美国公司，它遵守特拉华州的法规。自从《新闻报》成为公司以来，公司的股票一直主要由中美双方持有，有时候会有少数其他国家的股东。

由于《新闻报》与《申报》在版面设计方面有很多相似之处，

这里有必要对其编辑政策和特稿作些说明。在《回顾与展望》一文中，新闻报公司现任总裁福开森（John C. Ferguson）写道：

本报自成立迄今，已三十年，而同人等自筹办本报以来亦已二十四年。先是有某公司者，与本报前主，因押款事，诉由美国领事法庭，清理账目，同人始向该公司收买本报，继续办理，其初数年，尚有私人性质，后向香港注册，改为有限公司。嗣又遵美国特来哇州法律改注美册，自改为公司以后，股票大半为中美二国人士所执。间亦有他国人士为报馆之股东，同人等继续办理，历久不懈，以至于今，报务之发达，有加靡已，亦固其所矣。

本报有一始终不变之方针，是为主张明达之舆论，而又长持此明达之舆论于不衰，凡一切事业，足以助中国智识界道德界商务界工业界之进步者，本报无不助其张目，至若过情之论，又未尝不思有以沮尼之。本报之地位，虽常作当代舆论之前驱，而又未尝超越过远，与现在情形隔膜也，本报务以领导舆论为志，而亦深识领导舆论之效，在与被领导者直接接触，斯其效可睹，故使国中实在情形，实有进步，在本报即以为踌躇满志，而陈义过高，非同人之意以为可行者，则事虽同一可贵，而宁让于他人也。

本报自办理以来，向由编辑同人主持笔政，未尝为任何个人或任何政党而主持而控制，亦未尝以本报为个人报其恩怨之机关，凡遇一事，为中国大局计，而本报以为不当有所褒贬者，则勒之，凡合于本报即以为英雄豪杰，凡不合于本报之政策者，亦不即以为卖国奸人也。

本报自办理以来，最大难处，即为缺乏热于新闻事业之人才，故于所延人员，辄由本馆自为诱掖，以期养成专才，凡任职本报者，欲图自进，本报极力为谋方便焉。馆员之中，盖颇有常川服务，久而未替者，而逐年以来，亦时复延用新人，故于办事人员，颇寓绵延进化两旨，办报遇有赢余，馆员皆分其利，使馆中人员皆以报务之发达为心，视同切己之事焉。

在中国办报而能大有所造就，其艰难盖孔多矣，传新闻，发意见，使国中人士，咸目本报为上乘，不为所吐弃，其事甚非易为，即以馆中营业方面而论，使上海之金融界，目本报为有责任之事业，而愿以寻常商务往还之道待之，亦非易事。然本报于此二端，今均已达到目的，以后办理方法，务使国人对于本报之信用，如旧不衰，是则本报之大愿也。本报将来方针，仍当与往时无异，以进步与独立为目的，对于公共事务及任办其事之人，善者则赞扬鼓励之，若其事不忠信，与夫无行妄为之人，则必竭尽本报之力以诋斥之。而本报所尤拳拳致意者，则确信中国之前途大有希望，而当竭其微末，以造成时势，使政治平而有序，国家兴盛无疆云。

《新闻报》在专栏和增刊的设置上紧跟潮流。在《申报》开辟《自由谈》专栏后，《新闻报》紧随其后，在1912年开辟专栏《快活林》，刊登幽默故事、美国文摘翻译，包括长中短篇小说、剧评、奇闻趣谈、幽默笑话等内容。

为了抗衡《申报》的《常识》栏目，《新闻报》设立《新知》栏目。该栏目效仿《申报》的《常识》栏目，为读者提供各类中外文的科普知识。

使《新闻报》脱颖而出的应该是《经济消息》专栏。该专栏内容涵盖经济信息、市场报告与讨论、汇率和类似的信息。

现在的《新闻报》总部位于一座老式的中国建筑内，这并不能满足报纸的发展需求。新的大楼正在规划中，将在不久的将来与公众见面。

《时报》(《东方时报》)

《时报》于1912年6月12日创刊于上海（馆址在上海望平街），英文译名叫《东方时报》(*The Eastern Times*)。《时报》可谓近代中国第三大中文商业报纸。[1] 创办人狄楚青是维新派激进人士。为了创办《时报》和推进维新运动的发展，狄楚青变卖了父亲遗留的部分国画以筹措资金。之后，他由于参加维新运动被捕，获释后被迫流亡日本。即使如此，他仍然以极大的热情继续经营《时报》。

《时报》英文译名《东方时报》，意为“及时”。准确地说，《时报》意味办报要合乎“时”，随“时”而变。时光流逝如白驹过隙，而紧跟时代的步伐则是《时报》的办报宗旨。

创刊伊始，《时报》一直是一份通俗报纸。由于深受大众的欢迎，《时报》时常被称作“文明先驱”、“市民警钟”、“民众喉舌”。教师和学生是《时报》的主要读者。

《时报》是维新变法时期维新派所创办报刊中的成功典范。《时报》的办报理念完全体现在其发刊词中：

《时报》何为而作也？记曰，君子而时中。又曰博博渊泉而时出之。故道国齐民，莫贵于时。此岂惟中国之教为然耳；其在泰西，达尔文氏始发明物竞天择优胜劣败之公理，而斯宾塞以适者生存一语易之。不适焉者，或虽优而反为劣；适焉者，或虽劣而反为优，胜败之林在于是矣。是故狐貉诚暖，不足以当暑；湘葛云丽，不足以御冬。与时不相应，未有不敝焉者也。今之中国，其高居于权要伏处山谷者，既不知天下大势，谓欲抱持数千年之旧治旧学，可以应今日之变，则亦既情见势绌，蹙然如不可终日矣。于是江湖恢奇少年路路之士，其泰西各国之由何途而拨乱，操何业而致强也，相与欲之，奔走焉，号呼焉，曰吾其若是！夫彼之所以拨乱而致强者，谁曰不然，而独不知与吾辈之时代果有适焉否也。孔子曰：过犹不及。不及于时者蹉跎荏苒，日即腐败，而国遂不可救；过于时者，

---

① 根据戈公振编《新闻学撮要》（上海新闻记者联欢会印行，附页1），《时报》是文化的宣传者（孙文），知识阶级的一个宠儿（胡适），在教育上尤有价值（杜威）；使教育事业易于措施（罗素）；中欧文化的媒介（班乐为）。——译注

叫嚣狂掷，终无一成，或缘是以生他种难局，而国亦遂不可救。要之，亡国之咎，两行均之。若夫明达沈毅之士，有志于执两用中，为国民谋秩序之进步者，盖亦有焉矣。顾亦于常识不足，于学理不明，于是势不审，故言之不能有故，持之不能成理。欲实行焉，而怅怅不知所适。纵奋发以兴举一二事，又以误其方略而致失败者，项相望也。则相与惩焉，不复敢齿及变革。呜呼！全国中言论家政治家，种类虽繁，究其指归，不出于此三途。耗矣哀哉！今日千钧一发之时哉！同人有怵于此，爰创此报，命之曰《时》，于祖国国粹，固所尊重也，而不适于当世之务者，束阁之。于泰西文明，固所崇拜也，而不适于中国之程度者，缓置之。而于本国及世界所起之大问题，凡关于政治学术者，必竭同人谫识之所及，以公平之论，研究其是非利害，与夫所以匡救之应付之之方策，以献替于我有司而商榷于我国民。若夫新闻事实之报道，世界舆论之趋向，内地国情之调查，政艺学理之发明，言论思想之介绍，茶余酒后之资料，凡全球文明国报馆所应尽之义务，不敢不勉，此则同人以言报国之微志也。虽然，西哲亦有言，完备之事物必产于完备之时代。今以我国文明发达，如彼其幼稚也，而本报乃欲窃比于各国大报馆之林，知其无当矣。跬步积以致千里，百川学以放四海，务先后追随于国家之进步，而与相应焉，斯乃本报所日孜孜也。吾国家能在地球诸国中占最高之位置，而因使本报在地球诸报馆中，不得不求占最高之位置，则国民之恩我无量也夫！国民之恩我无量也夫！

《时报》之所以深受欢迎，原因有五。其一，《时报》首创时评文体，设立《国内大事》、《各埠要闻》和《本埠要闻》三个时评专栏。其二，《时报》深知国家所需。无论是在社会、政治还是实业发展方面，《时报》提供了可操作的实用性建议。其三，《时报》鼓励和促进了教育与实业的发展，而两者正是救国、强国必不可少的手段。刊登在工业、科学、艺术增刊上的各类文章显示其在这方面的倾向。其四，《时报》致力于改善妇女儿童的生活条件，因为它深知，要建立一个强大的现代化中国，妇女儿童的力量是不可轻视的。其五，《时报》注重美学与艺术，致力于推陈出新。这从其出版的画报中可见一斑。

深受全国学生群体的欢迎，这是《时报》一直引以为豪的。在专栏和增刊的设置上，《时报》也在引领潮流。《时报》的每日副刊《小时报》深受读者欢迎，两页版面包括街谈巷议、轶事秘闻、国外新闻、专稿、国内简讯等，其内容无非是八卦讥讽以及奇闻轶事、短故事、诗歌、书评、游记、中短篇小说和长篇小说连载等各种文学作品。《时报》是中国第一家开辟并坚持开设妇女增刊的大报。该刊逢周三出版，内容涉及妇女权益、妇女教育、家居窍门、缝纫心得、刺绣技巧和其他妇女感兴趣的话题。该版由两位妇女编辑负责，她们也是仅有的两位与上海报纸有着定期联系的女性。

《时报》是第一家尝试推出图片副刊（《图画副刊》）的报纸。图片内容涵盖中外艺术作品、中外名人画作、中外新闻图片和广告，每期两版，逢周一出版。《时报》效仿《申报》的周日增刊（《申报·星期增刊》），每周四发行世界新闻副刊，刊登国际时事讨论和世界新闻的总汇。

《申报》、《新闻报》和《时报》是近代中国三大中文商业报纸。《申报》是中国传统而保守的知识分子报纸的代表，类似于美国的《纽约时报》（*New York Times*）；《新闻报》是激进型报纸的代表，类似于《纽约论坛报》（*New York Tribune*）；而《时报》处于两者之间，既非保守又非激进，类似于《纽约先驱论坛报》（*New York Herald*）。然而，它们都是不党不私的独立报纸。

其他本土报纸

上海、天津、广州、汉口等大城市的其他本土中文报纸数量众多，这些报刊一直努力在报业市场中占领一席之地。在上海，除了上述三家大型日报之外，还有许多其他报纸。在天津，有12~13家报纸，北京有70多家，广州有30~40家，汉口有14~15家。在全国21个省的其他大城市里，日报数量总共有700~800家。其中只有几百家报纸能够得到读者持续的追捧，并在民众中确立其地位。

逐一评价这几百家报纸是不太现实的。总体而言，它们有以下三个显著特征：第一，政党喉舌；第二，昙花一现的爱国报纸；第三，商业报纸。

（1）机关报中最著名的是《民国日报》，英文名叫 *Republican Daily News*。该报是中国同盟会成员于1915年在上海创刊的。报纸的创办人和主要支持者是已故的陈其美将军。他是国民政府江苏省的首届省长。报纸创刊之时，恰好遇到袁世凯利用军阀势力企图复辟帝制。《民国日报》作为同盟会的喉舌，竭尽其影响力来批判复辟运动。同时，山东、广东、湖北等省宣布独立。结果，复辟运动破产。中华民国第五任总统黎元洪（民国十一年六月至十二年六月）违宪解散议会之时，《民国日报》发表维护《临时约法》宣言，给政府的违宪行为一次强有力的痛击。《民国日报》一度成为华南舆论的核心。尽管遭遇许多困难甚至受到打压，《民国日报》始终屹立不倒，继续发行。

同盟会重组为国民党之后，《民国日报》成为国民党的中央机关报。目前，它每日出版，每期16版。其中设有《妇女周报》、《艺术评论》、《国际合作专号》、《国学周刊》、《平民》和《觉悟》等栏目。

根据《民国日报》主编的一封书信记录，国民党的第一份机关报是《苏报》，在国民政府成立之前创立于上海。倡导者是时任教育总长、现任国立北京大学校长蔡元培先生和倡导国音统一的吴稚晖先生。后来，另外一份名叫《民呼日报》的报纸创立。这份报纸比《苏报》版面大。该报遭遇清政府的查封后，《民吁日报》继之而起，后来《民立报》又取代《民吁日报》，成为传播革命思想的革命党喉舌。实际上，《民国日报》是所有上述报纸的承续者。

（2）风起云涌的爱国运动催生了许多短命的救亡报纸，其中最具代表性的是《救国日报》。该报于1918年由一群归国留学生在上海创立，他们认识到《中日军事协定》[①]对中国的危害，就从日本回到祖国，唤醒同胞，呼吁取缔《中日军事协定》。[②]

全国人民的抗日意识得以唤醒，而《救国日报》迅速提高的发行量使其成为两年来深受读者欢迎的期刊。但是，由于《救国日报》是一份抗日报纸，它倡导联合抵制日货，因此得罪了暗地里与日本做生意的所有商人。而商人阶层的愤恨和不满使得杂志很难获得广告收入，杂志也很难依靠有限的发行收入来生存。于是，报纸于1920年终刊。

（3）在欧洲战争期间，中国迎来了一个短暂的繁荣发展阶段，不仅反映在出口贸易上，而且从国内的经济活动中也可以得到反映。现代生产和管理方法被引进中国，以满足本土制造业大生产的需要，商界总体上也开始关注外贸。这个经济繁荣期对报业也产生了很大影响，由于商业投资的增加，很多政治性实体和其他企业开始出现。

---

① 1918年5月16日，日本陆军少将斋藤季治郎与段祺瑞政府代表靳云鹏，在北京秘密签订《中日陆军共同防敌军事协定》。19日，又签订《中日海军共同防敌军事协定》。所谓“防敌”，是指十月革命后的苏维埃俄国。当时，国际帝国主义武装干涉俄国革命。日本企图乘机侵略俄国，并独占中国东北地区。“协定”的主要内容是：中国与日本采取“共同防敌”的行动；日本在战争期间可以进驻中国境内；日军在中国境外作战时，中国应派兵声援；作战期间，两国互相供给军器和军需品。通过“协定”，日本派出大批军队进入中国东北，日本迅速取代了沙俄在东三省北部的侵略地位。中国面临被日本独占为附属国的危险。留日学生彭湃等在东京游行抗议，继而罢学归国，在各地组织救国团体，进行爱国宣传。北京大学等校学生2 000余人赴总统府，要求废约。天津、上海、福州等地学生也起而要求废约。全国各地工人和工商业者，也纷纷谴责段祺瑞政府卖国。——译注

② 徐世昌：《日新宏议》，第305页。“几个月后，《中日军事协定》签订。有人认为，协议的确切条款至今仍未出版。协议条款名义上规定双方为抵制俄国而相互提供援助，但从整个条款所隐藏的大量值得怀疑的细节来看，北京政府可以理解为同意东京在军事和海事防务方面接受日本的领导。截至目前已经出版的协定条款被认为是仅有的最‘清白’的部分，因为协定在各大强国之间的敌对状态结束之后进行了修订。今天，该协议仍未废除，尽管除了日本之外的所有轴心国军队已经撤出俄国领土。因此，全中国不断呼吁立即废除协定及其所有遗留之危害，这已经是公开的秘密了。”——译注

当时最有代表性的报纸是上海《商报》，它是由一群中国商人创办的。该报主要服务对象是中国商界，在全国各主要商业城市都有发行。

民国初年全国各地报纸一览表①

地点	报名
北京	国风日报（白逾恒主持）、国光新闻（田桐）、民主报（仇良）、中央新闻（张梦华）、民命报、民国报、民意报、民权报、亚东新报、东大陆日报、民牖报、国民公报（徐佛苏）、共和报、日华日报、新公民日报、中华日报、燕京时报、北京日日新闻、商务报、国华报、中华民报、公论报、共和日报、新华日报、大民报、黄钟报、群强报、平权报、新世界报、亚细亚日报（袁云台）、新社会日报（李国珍）、国权报（丁廷謇）、京津时报（参事汪某）、国华报（陆钟岱）、大自由报（王赓）、民立报
天津	民意报（赵铁桥）、国风日报（国民党直隶支部）、大中华日报（胡鄂公）、天津公论、大公报
上海	民立报（徐天复）、神州日报（汪彭年）、天铎报（陈芷兰）、民权报（戴季陶）、太平洋报（姚雨平）、中华民报（邓家彦）、民国新闻（邵元冲）、大共和日报（汪旭初）、民强报（章佩乙）、民国报、民报、黄报、民信日报、共和新报、爱国报、民声日报、启民爱国报、演说报、东大陆报、申报（史量才）、新闻报（汪汉溪）、时报（狄葆贤）、时事新报（进步党机关报）
广州	七十二行商报（罗啸璈）、震旦报（天主教巍神父）、平民报（邓慕韩）、南越报、时报、又新报、广南报、广州共和报、大公报、岭华日报、惟一报、天职报、华严报、商権报
汉口	中华民国公报（熊辑五主持）、民心报（高海澜）、震旦民报（张樾）、民国日报（杨原我）、国民新报（李华堂）、大汉报（胡石庵）、国民新报、共和民报（张海若）、新闻报

① “民国初年全国各地报纸一览表”摘自赖光临：《七十年中国报业史》，中央日报编印，1982年，第15~17页。

（续上表）

地点	报名
武昌	武昌公报、群报
长沙	长沙日报（颜息菴）、湖南公报（贝元徵）、湖南民报（唐支厦）、军事日报（唐蟒与危道丰）、黄汉湘报
南昌	晨钟报、民报、商务日报、大江报、天拥报、新闻迅报、豫章日报
福州	民听报、民言报、民心报、群报、共和报、福建民报、求是报、民兴报、正言日报、舆论日报、民生日报
杭州	之江日报、汉民日报、全浙公报
南京	中华报
济南	大东日报、山东日报、新齐鲁公报
开封	自由报、河声报、民立报
成都	川报、国民公报、蜀报、民宪报、群报、四川公报
吉林	吉长日报、新吉林报
奉天	醒时报、东三省公报
无锡	锡报、新无锡报
扬州	民声报、扬州日报
安庆	民岩报、皖报、公论日报
常州	公言报、新兰陵报
苏州	苏州日报
南通	通海新报
绍兴	越铎报

第三章 中国本土报纸的法规

尽管在中国作为舆论代言者的本土报纸直到一个世纪前才真正形成，但是古代开明君王非常重视舆论，并把舆论视为调整其治国安邦之策略的重要因素。言论自由不仅作为不成文的法规和权利赋予了人民，而且也是人民所渴望的。数千年前，当中国开始进入有文字记载的历史的时候，上古三帝尧舜禹之首的尧帝为了了解臣民的舆论，就令人设立“诽谤木”①，以显示其臣民可以表达他们对于君王和朝政的不满，又设置“谏言鼓”，让臣民可以击鼓来表达其对整个朝廷的意见。

而另一方面，言论自由被一些穷凶极恶的暴君所剥夺。公元前878年，周厉王姬胡有一次会见大臣召公虎时对人民嘲笑其横征暴敛而表示不悦。周厉王从召公虎那里听说臣民对其统治不满，恼羞成怒，派人去请宫廷巫师，命令这位巫师掐算出曾经敢于对其暴政发表言论的臣民的名单。名单出来以后，所有“非法”的“诽谤者”都被处决。从此之后，无人敢对朝廷评论只言片语，因为每条大街上都布满了眼线。周厉王对自己的做法所取得的效果很得意，对召公虎说：“吾能弥谤矣，乃不敢言。”召公虎回答：“是障之也。防

---

① 《辞海》说，尧舜时于交通要道竖立木牌，让人在上面写谏言，称之为诽谤木，也叫华表木。尧曾设鼓于庭，使民击之以进谏。崔豹《古今注·问答释义》载：“程雅问曰：‘尧设诽谤之木，何也？’答曰：‘今之华表木也。以横木交柱头，状若花也，形似桔槔，大路交衢悉施焉。或谓之表木，以表王者纳谏也，亦以表识衢路也。’”《吕氏春秋·自知》记载：“尧有欲谏之鼓，舜有诽谤之木。”《史记·孝文本纪》上载：“古之治天下，朝有进善之旌，诽谤之木，所以通治道而来谏者。”《淮南子·主术》：“尧置敢谏之鼓，舜立诽谤之木。”——译注

民之口，甚于防川。川壅而溃，伤人必多。民亦如之。”接下来，他继续解释为什么让所有的诗人、历史学者和政客畅所欲言是最好的施政措施。实际上，正是召公虎发起了著名的反对严厉审查公众言论的运动。[1]

子产（前554—前522年）[2] 是周朝一位贤明的封建贵族。有人建议他毁掉“乡校”[3] ——一个人们通常聚集在此讨论和批评政府的地方，他说：“夫人朝夕退而游焉，以议执政之善否。其所善者，吾则行之；其所恶者，吾则改之。是吾师也，若之何毁之！”[4]

中国历史上曾经发生的最为严厉的言论审查事件之一是在公元前212年的秦朝。当时，除了医学和农学等方面的书籍之外，所有的书籍都被焚烧。不小心重复了这些被焚烧书籍中某句话的人就会被砍头，而那些敢于借古讽今而怀疑当时朝廷的人不但被处死，甚至还要株连九族。秦朝实施这种非人压迫的结果是，有460名士子由于讥讽和怀疑当时朝廷被活埋。然而，思想是永远不会被抹杀的。“焚书坑儒”5年后，秦朝被一群激情的爱国者推翻。秦朝成为中国历史上由于实施暴政而最短命的王朝。

从此之后，言论自由作为中国民众天赋人权的基本权利，“天视自我民视，天听自我民听”的中国箴言就是明证。孟子也表达了把

---

① ［德］夏德（Friedrich Hirth，1845—1927，德国汉学家）：《中国古代历史》，1920年。

② 此外有误，公元前554年郑人已立子产为卿，其出生年份未详。——译注

③ 即乡之学校。古代嘉礼的一种，也是汉族的一种宴饮风俗。起源于上古氏族社会之集体活动，《吕氏春秋》认为是古时乡人因时而聚会，在举行射礼之前的宴饮仪式。周代时，以致仕之卿大夫为乡饮酒礼的主持人，贤者为宾，其次为介，又其次为众人。——译注

④《纲鉴易知录》（卷一），中华书局1960年版，第108页。此段全文如下：郑人游于乡校，以论执政。然明谓子产：“毁乡校如何？”子产曰：“夫人朝夕退而游焉，以议执政之善否。其所善者，吾则行之；其所恶者，吾则改之。是吾师也，若之何毁之！我闻衷善以损怨，不闻作威以防怨，岂不遽止。然犹防川，大决所犯，伤人必多，吾不克救也，不如小决使道。不如吾闻而药之也。仲尼闻之曰：“人谓子产不仁，吾不信也！”——译注

言论自由作为了解舆论的渠道的观点："左右皆曰贤，未可也；诸大夫皆曰贤，未可也；国人皆曰贤，然后察之，见贤焉，然后用之。"①

中国几乎每个朝代都设有监察机构，该机构由56名成员和2名御史组成，分布在全国各地。他们的职责是向朝廷汇报有关民间疾苦和各级官府行为等一切问题。因此，除了御史的称呼之外，他们也叫做"耳目官"。他们可以自由地批评所看到的朝廷或者皇帝的任何腐败行为，而不至于招来杀身之祸。

见诸史籍的言论自由、著述、出版自由的有关案例都是不成文的习惯做法，直到1911年清王朝覆灭后中华民国所颁布的《中华民国临时约法》，才第一次以法律形式将上述自由规定下来。在1923年10月10日颁布的《中华民国宪法》第4章第11条条款再次界定了"人民有言论、讲学、著作及出版之自由"。然而，不幸的是，从来没有任何合法的机构来保证实施这些法律条款。《宪法》只是在党同伐异的争论中才被人们拿来引为奥援。中国司法管辖下的报刊处处限制于执政党或者军阀严厉的新闻审查制度。军阀及其爪牙的话就是金科玉律，而记者、编辑们动辄得咎而深受其害。对于统治阶层的任何批评都可能被课以罚金或者未经审判即行监禁等刑罚。"很多记者在职业生涯中都曾遭遇流放漠北或者更加严酷的刑罚。"②

1918年9月，北平的军阀们与日本资本家商谈两项贷款项目，名义上用于在山东铺设两条铁路线，在满洲和内蒙古铺设四条铁路线。但是，不出所料，这两笔贷款都被挪作军用。而报道这条信息的北京6家日报即刻被镇压。

中国各地都存在着严厉的新闻审查。各地的报纸在寄达订户之前都要在邮政局接受审查。假如在报道中发现了任何被认为具有诽谤性的言论，包含这样言论的版面在报纸送抵读者手中之前都要被

---

① 《孟子·梁惠王下》。

② Franklin Ohlinger, The New Journalism in China, in *World's Work*, October, 1911.

删去。由于外埠的新闻经常由特派通讯员通过快递或者特殊邮政派送，所以这种邮件在送达收件人手中之前必须马上审查。通常情况下，审查官员都浑浑噩噩，他们常查禁无任何危害的邮件。

电报局也在政府官员的监控之下，他们审查所有贬损或者批评清政府及其政党的电报。新闻电讯被有意延迟，有时候甚至推迟半天才发送，结果，迟发的新闻电讯不能及时传回报馆，只好刊印在第二天甚至第三天的报纸上。

甚至在租界林立的上海，也并非所有的报纸都有机会逃过审查，尽管在上海租界内，报纸编辑和出版人可以得到外国政府的庇护。根据上海大报所有者的说法，租界工部局公布的代表经常召见报纸主事者，以压下某条在当局看来不宜发表的消息。而包含批评政府某些官员内容的报纸也不会到达订阅者手中，因为邮政局已按照指令予以销毁或者扣发。

中国出版法

在中华民国成立的第三年即1914年，中国现行的《出版法》颁布。该《出版法》与清政府1908年颁布的《大清报律》和1910年通过的《大清著作权律》极为相似。《出版法》仍然沿袭了清末出版法的那一套，它是中华民国第二任总统袁世凯制定的。袁世凯企图复辟帝制，该出版法依然像中国所有的法律条文一样得以合法颁布，却又无法实施。1914年，《出版法》成为反映新政府对新闻事业的总体态度的标杆。

《出版条例》第二条规定报纸分六种："一、日刊；二、不定期刊；三、周刊；四、旬刊；五、月刊；六、年刊。"

为了使所有的报纸按照要求直接送审而不违反法律之规定，《出版条例》第三条首先指出："发行报纸应由发行人开具左列各款禀请该管警察官署认可：一、名称；二、体例；三、发行时期；四、发行人编辑人印刷人之姓名年龄籍贯履历住址；五、发行人印刷所之名称地址。警察官署认可后给予执照并将发行人原禀及认可理由详报本馆长官汇报内务部备案。”

为了缩小出版自由的范畴，《出版条例》第四条提供了特定的限制条款：“本国人民年满三十岁以上无左列情事之一者得充报纸发行人、编辑人、印刷人：一、国内无住所或居所者；二、精神病者；三、褫夺公权尚未复权者；四、海陆军军人；五、行政司法官吏；六、学校学生。”该法进一步解释：“第五条 编辑人、印刷人不得以一人兼充。”

《出版条例》第六条①包括了这样的条款，“发行人应于警察官署认可后报纸发行二十日前依左列各款规定分别缴纳保押费：

一、日刊者三百五十元；二、不定期刊者三百元；三、周刊者二百五十元；四、旬刊者二百元；五、月刊者一百五十元；六、年刊者一百元。

在京师及其他都会商埠地方发行者加倍缴纳保押费；

专载学术艺事统计官文书物价报告之报纸得免交保押费；

保押费于禁止发行或自行停版后还付之”。

《出版条例》第七条规定：“第三条所列各款于禀请警察官署认可后由变更时应于十日内另行禀请认可。”第八条规定：“每号报纸应载明发行人编辑人印刷人之姓名住址。”

为了便于新闻审查，《出版条例》第九条规定：“每号报纸应于发行日递送该管警察官署存查。”第十条规定：“左列各款报纸不得登载：一、淆乱政体者；二、妨害治安者；三、败坏风俗者；四、外交军事之秘密；五、各项政务经该管官署禁止登载者；六、预审未经公判之案件及诉讼之禁止旁听者；七、国会及其他官署会

① 原文为第四条，有误。——译注

议按照法令禁止旁听者；八、煽动曲庇赞赏救护犯罪人刑事被告人或陷害刑事被告人者；九、攻讦他人阴私损害其名誉者。”而在国外出版发行的报纸上刊登包括上述条款内容，报纸则不许在中国销售或发行。

《出版条例》第十二条规定：“报纸刊登错误，经本人或关系人开具姓名、住址、事由，请求更正或将更正辨明书请求刊载者，应于此回或第三回发行之报纸照登。登载更正或更正辨明书，其字形、大小、次序先后须与错误原文相同。更正辨明书有违背法令者，不得登载。”

编辑、出版商和印刷商以及署名的作者都有义务遵守《出版法》。例如，如果报刊登载了攻击现政府的任何文章，编辑和印刷商将受到不少于2个月和不超过2年的监禁，或者不超过200美元罚金的处罚；如果报刊登载了危害公共安全和秩序的任何言论，出版商和编辑将受到同样的监禁或罚金的处罚。署名作者也将与被指控的编辑受到同样严厉的处罚。

本土报纸公开接受触犯公共秩序和《中华民国暂行新刑律》中有关名誉权和信用条款的处罚。这里是《中华民国暂行新刑律》触犯公共秩序的相关条款：

“第二百二十一条　以文书图画演说或其他法公然煽惑他人犯罪者，从左列处断。一、其罪之最重刑为死刑无期徒刑者，三等至五等有期徒刑或三百元以下三十元以上罚金。二、其罪之最重刑为有期徒刑者，五等有期徒刑、拘役或一百元以下罚金。以报纸及其他定期刊行之件或以编纂他人论说之公刊书册而犯本条之罪者，编辑人亦依前项之例处断。”

违反名誉权和信用的相关条款如下：

《中华民国暂行刑律》元年三月十日暂行援用四月删改颁行，奉大总统令。

第三十一章　妨害安全信用名誉及秘密罪

第三百五十七条　对人以加害生命身体自由名誉财产之事相胁迫者处五等有期徒刑拘役或一百元以下罚金，以加害其亲属相胁迫者亦同

第三百五十八条　以强暴胁迫使人行无义务之事或妨害人行使权力者处四等以下有期徒刑拘役或三百元以下罚金

第三百五十九条　散布流言或以诈术损害他人或其他业务之信用者处五等有期徒刑拘役或一百元以下罚金

第三百六十条　指摘实事公然侮辱人者不问其事实之有无处五等有期徒刑拘役或一百元以下罚金

第三百六十一条　对尊亲属犯第三百五十七条第三百五十九条及第三百六十条之罪者处四等以下有期徒刑拘役，犯第三百五十八条之罪者处三等至五等有期徒刑

第三百六十二条　无故开拆藏匿毁弃他人封缄之信函者处五等有期徒刑拘役或一百元以下罚金，无故公表他人秘密之文书图画者亦同

第三百六十三条　僧道医师药剂师药材商产婆律师公证人或曾经居此等地位之人因其职业得知他人之秘密无故漏洩者处五等有期徒刑拘役或一百元以下罚金，无故公表者处四等以下有期徒刑拘役或三百元以下罚金

第三百六十四条　第三百五十八条及第三百五十九条之未遂犯罪之

第三百六十五条　除第三百五十八条外本章之罪须告诉乃论

第三百六十六条　犯本章之罪者得褫夺公权

《邮政章程》[1]

《邮政章程》第九章新闻纸类第四十四条规定："凡属各项可以订购之出版物，无论华文洋文，即如新闻纸及按期出版物，在中国知名之刷印所，按指定之期，挨次编号出版，且系散张成帙，不用木树布匹等套，或他项坚实之物质装订者，即准在发行处应赴之邮务管理局挂号，作为新闻纸类邮寄。仅有如是挂号之出版物，准按邮局新闻纸资例纳费，其未经挂号者，应按刷印物类缴纳邮资。华文版物，在中国发行，具有新闻纸之性质者，尚未向邮局照章挂号，即不准按刷印物或他类代为邮寄投递。"

《邮政章程》第九章新闻纸类第四十九条规定："新闻纸或一分单寄，或数分捆总成包寄递者，其包皮两端，均需开露；或其包皮系用绷带结束，总期内装之物，易于查验，不得封固于封套以内。"第五十条规定："新闻纸内外只准书写收者、寄者之姓名住址并无法投递时，如何缴还，以及新闻纸之耳目，暨请刊某页某行等字样。此外一概不准书写。"

按照《邮政章程》第九章新闻纸类第五十一条规定："新闻纸计分三类即系：（一）平常新闻纸，（丙）平常新闻纸，大抵系以一分寄一处，粘贴邮票，交邮局按平常邮件寄递投送；（二）立券新闻纸，（癸）报纸送交邮局投送，由邮局加盖特别戳记，即可在本埠投送递，或寄往凡有邮局之处，一概不再索费；（三）总包新闻纸，（丁）新闻纸若经按此挂号者，应将以下字样，印于报纸名目下（已在中华邮政挂号，按照总包特别优益寄送之报纸）交寄之时，必须至少以每五十份结束成捆，或装于筐内，惟不得每件摺捲，亦不

---

① 汪英宾此节内容基本按照1914年民国政府颁布的《中国出版法》之《邮政章程》的相关条款展开阐释，旨在向西方介绍中国当时的报纸邮递状况。所以，为了准确起见，这里直接引用《邮政章程》的相关条款。——译注

得每件分交各人；所有每捆每筐，应将寄送处所之地名显明书写。为按第三类总包资例收寄，得以许可起见，此类总包新闻纸，必须在发行之钟点后二十四点钟内交寄。”

上海争取新闻自由的斗争

尽管上海是一个国际性的港口，是享有更多新闻自由的城市，然而这种新闻自由总是受到各种干扰和挑战。上海市政府几次提议限制新闻报刊与出版业务的发行范围和自由。其中一项决议就是所谓的“印刷条例”。这项条例的颁布源于1919年5月和6月期间中国学生和商人反对中国政府某些官员充当“亲日派和卖国贼”的罢工事件，而这场由学生和商人发起的罢工事件最终发展成为中国人抵制日货的运动。由于罢工事件的爆发，无论是国外的中国商人还是上海法租界的中国商人，甚至中国各大城市几乎所有的商人都关闭店铺，大多数店铺前贴有招贴和海报，抗议中国政府的软弱和日本侵华的行径，即巴黎和会上最终通过的几项秘密协议——将此前德国在山东的采矿和铁路权转让于日本。在上海，中国学生高举横幅，游行示威，呼吁联合抵制日货。上海中文报刊首次发起了取消所有日本广告的运动，之后这些报刊印刷联合抵抗日本的印刷品，使得联合抵抗日本成为整个上海公众讨论的话题。上海很多中国印书馆印制海报和传单，由中国学生粘贴在店铺前或者电线杆上。

报纸和印刷品的快速传播很大程度上激起了国人的愤怒及其相伴而生的上海租界的混乱。上海工部局董事会决定通过法律手段颁发执照来建立对于印刷业的控制，由上海的纳税西人大会提议通过，或者投票批准生效。1919年6月26日星期四的《工部局公报》关于这次议案的报道如下：“经营印刷品和出版物无需执照，这一问题必须要慎重对待了。最近学生运动愈演愈烈，且有扩展到实业界、商界之趋势，这充分证明，赋予董事会一切必要手段维护租界稳定和秩序的权力是必要的。尤其，董事会应该有应急决断的全权，无需求助其他机构，即可阻断任何危害租界秩序的出版物和印刷品的出版和流布。因此董事会呈报给领事团的附律第三十四条，在提交纳税西人大会付议前，应在条款中‘goats’和‘to sell’之间‘欲经营印刷、石印、雕刻，发行报纸、杂志或印刷品’字样。”

上海工部局董事会关于对印刷品和报刊颁发执照的议案报道后不久，美国对华商务部就致信工部局总董，表示反对这项干扰中外报纸出版的议案。信中说：“此项法案与美利坚合众国的许多原则不符，恕敝国政府不能接受。鉴此，敝国政府恳请贵局注意美国宪法修正案第一条……美国公民认为，言论自由和出版自由是其他一切自由的保障和基石，任何人无权剥夺他们的这项权利，当然也包括中国公民的此项权利。此法一旦实施，将会在上海造成一种令人无法容忍的现状，那就是无形赋予了官厅特别是警局以全权，来管控或压制他们认为触犯了此法的美国出版物。”

当时的美国驻华使节芮恩施（Paul S. Reinsch）博士在北平看到这封信时，给予了这样的评价：“希望这项法案在纳税人投票表决前撤销，或者由纳税人投票否决，否则到后来还是免不了被否决。”芮恩施声称，“如果这项法案诉诸领事批复的话，那么就美国利益而言，只有一种可能性，即否决”。

工部局在遭遇来自各方的反对后，提出了一种修正案。修正案如下：

议决款四——下述之附律，当称为三十四条A字附律，当经纳税人会议通过。凡人欲经营印刷、石印、雕刻，发行报纸、杂志或印刷品，关系公共新闻在此范围内者，必先向工部局领一执照，如营业者为一西人，则其执照当经其领事副署。工部局发行此种执照，可以收费。其颁行条例必经每年或特别纳税人会议通过，又必须经过领事团批准，然后实行。凡不遵此附律者，每一次违犯当处以不逾三百元之罚金，或他种法律所处罚；又凡督助印刷所发行石印或雕刻之新闻纸与印刷品，而于第一页上不印印刷人姓名、住址，如不止一张，其最后一张苟不印印刷人姓名、住址者，每次当处以不逾二十五元之罚金，或相等之罚。

议决款五——上列议案须经领事团批准后，工部局得以下列条件处理领得印刷、石印、雕刻、报纸、杂志及其他印刷品之执照者：

（一）执照当在领执照之屋内显明处陈列之；

（二）上差之巡捕与收税人员得自由出入该屋；

（三）任何报纸或印刷品，在领照之屋内则必将其名称正式注册；

（四）执照内之姓名、住址必印于报纸之第一页，印刷品、杂志之末页或石印之印刷物上，然后可以销行。如该印刷品不止一页，则该姓名、住址可印在最后一页；

（五）在领照之屋内及领照人，不得用石印、雕刻或转载任何暧昧性质或卑鄙之事件；

（六）在领照之屋内及领照人不得印刷、发行或转载凡含有扰乱或毁渎性质以至破坏治安之事件；

（七）如违背第五、第六两条，印刷、发行或转载之印刷品巡捕有权可以拘获之，充没之，并控告领照人于法庭；再不安靖之时，如违背第六条，则该执照可立即吊销，然必得处理该领照人之法庭判决后始可实行。或继续中止执照，或应否给还，或永远吊销，悉听法庭判断。①

这项议案在纳税西人会议上表决，其表决结果如下：269 票赞成，159 票反对。当第一次表决会议召开时，法定人数不够，但是所缺人数很快由 138 名日本人补充进来，这些日本人列队进入会场。

---

① 见 1919 年 7 月 9 日上海《民国日报》。——译注

当投票表决进行时，上述138名投票者坚定地支持该压制言论自由的法令。剔除这些事先受到指派的投票者，提议修正案按照法定人数要求缺少21名而无效。

这项议案无法得到各领事馆批复，很快就被搁置起来。自1919年以来，北洋政府参政院几次努力通过该法案，但每次都遭到舆论的强烈反对。结果，该法案从未颁布实施，上海争取言论自由的斗争取得了巨大胜利。

总而言之，就合法性层面来看，中国本土报刊可能享有像其他民族国家的新闻业同样的新闻自由。因为从中国历史开端以来的口头新闻（歌谣）就一直追求新闻自由，而且中华民国的成文宪法清晰地界定了保障新闻自由的条款。然而，自中华民国建立以来，中国本土报刊从未享有新闻自由，因此报业的发展受到影响。问题的症结似乎在于军阀们从未接受过按照法律行事的教育，而新闻界从未形成联合组织或同盟来促进中国本土报业争取言论自由。

第四章　中国本土报纸的广告和发行量

一、广告

报纸广告在中国属于新生事物。即使在公认的世界上最古老的《京报》上，人们也无法追寻广告的踪迹。或许，中国广告不存在的原因是，在官报时期和现代报刊形成初期，报纸出版被认为是官府的事情和政治问题。在中国近代报刊的早期，中国的商人和手工业者更多地依赖个人信用而非其他东西来销售其产品；西方人是首先在中国报纸上做广告的。一度担任美国在华商务代表的桑吉尔（J. W. Sanger）在其《日本、中国和菲律宾广告制作方法》（*Advertising Methods in Japan, China, and the Philippines*）一书中指出："战前（第一次世界大战），德国人和日本人是最激进的在华广告商。实际上，德国人继续进行大众宣传活动（尽管他们没有取得好的效果），直到1917年中国政府命令他们停止其广告宣传活动；在1919年5月之前，日本人的报刊和邮递广告活动异常活跃，而当时发生的国人抵制日货活动关闭了日本人在中文出版物上刊登广告的所有渠道。英国人从未在中国消费者中间做过大量的广告，法国人做得更少。直到最近，美国的大部分广告还只是局限于仅有的几家活跃于广告领域的机构，而它们靠的是消费广告的支持；在1919年到1920年期间，相当多的美国新广告商开始谨慎地进入中国广告市场。"

在过去50年中，现代通信技术的引入和进口贸易的日益增长，促进了国内贸易的发展，报纸广告进而也迅速赢得了社会的认可。

在1872年，《申报》创刊号只是刊登船期和竞拍物品的广告，广告费很低，每50字收250个铜币（合12美分）。今天，《申报》每天刊登的广告占到整个报纸版面的四分之三，以前仅收取12美分的广告文字，现需交纳超过30美分或者40美分的广告费。因此，报纸广告的前景是可观的。

但令人遗憾的是，中国报纸的广告主要是药品广告。文盲和识字不多的中国人太多，这使得很多报纸不得不刊登大量的虚假广告，来弥补发行量不足造成的亏空，这不仅仅因为专利药品是中国的一项重要生意，还由于这类药品广告似乎在读者中占有相当广阔的市场。中国本土报纸只要依靠药品广告作为主要的广告收入来源，就不得不接受药品广告并且刊印这些广告，除非他们能找到另外的广告来源。彩票广告也曾经在报纸上流行一时，很多报纸也因此兴盛一时。但不幸中的万幸，随着彩票站的快速关张，现在彩票广告彻底从报纸上消失了。

香烟制造商成为另外一类大型广告客户，其中最大的广告商是众所周知的英美烟草公司（the British-American Tobacco Company，简称B. A. T.）。英美烟草公司的年度广告和促销开支约达180万鹰洋。在最近十年内，很多竞争对手已经闯入烟草行业。著名的华人企业——南洋兄弟烟草公司（the Nanyang Brothers Tobacco Company）以其标榜爱国，在烟草业享有盛誉，它与英美烟草公司在本土报纸广告方面的竞争也难分伯仲。所以，出现能够说明报纸广告发达繁荣的整版广告也不再是稀奇的事情了。

书商和出版商是香烟广告之外的另一类广告客户。他们大量做广告，很大程度上是由于上海一家书籍出版公司——商务印书馆的垂范作用。商务印书馆每天在所有重要报纸上刊登广告。新教材、新到英文书籍和流行杂志等内容都是商务印书馆广而告知的信息。这些广告每天出现在报纸上，提醒着所有的书籍购买者、教师和学生。

广告版的戏院剧目也是提高报纸发行量的卖点。如果不刊登剧目广告，报纸就会被认为是不完美的。报纸刊登此类广告时收取的费用很低。戏院剧目广告就像喜剧广告在美国一样吸引人。

或许，中国报纸广告最有特点的是各类告示。随便挑一份中国报纸，看其头版，总能在广告中发现人们感兴趣的内容，如精心撰写的离婚声明、债务偿还告知、追回逃走雇员的悬赏、政党领袖拒绝加入政治宗派的声明、婚讯和讣告，以及其他使版面所刊登内容更加有趣和生动的具有新闻价值的消息。

本土报纸所刊登的广告都有插图或图解。报纸中可能发现一些粗劣的广告，但也有精心设计的广告。中国报纸广告的一个明显缺陷是广告主提供的有效信息过载。外国广告商文案员撰写的广告文本经常出现错误。而这类中文广告文案则缺乏说服力，甚至是荒谬可笑的。有人主张，此类广告文案最好由中国人进行配图，因为他们能够提供地方性、本土化的图解。

在美国通行的测量广告版面的栏目分隔线对于中国报纸几乎没有意义，因为中国报纸广告文本的长度和宽度都不一致，而且不同报纸对于广告版面的测量方法不统一。所以，中文广告版面以平方英寸卖出，而不是以报纸上栏宽或者栏寸来销售。广告版面可能相当于报纸版面规格的任何比例，用美国报纸作为标准，大约为 15×20 英寸；用中文单页报纸的规格来测量，应该为 31×20 英寸，或者 32×20 英寸。

中国人对于印刷文字即书面语的尊重使得报纸广告具有与生俱来的优势。“要求掌握书面语的多年努力及其大多数文盲民众导致了这种自然反应，识字的人对于自己投入大量精力来学习的书面语固守着一种深切而自觉的尊重，而那些识字少或者文盲则对书面语有着敬而远之的感觉。在他们看来，报纸就是一种招贴，甚至是贴在瓶子上的标签，或者刊登深奥的东西……书面语在国人心目中有着几近神圣的地位，以至于假如报刊广告信息通俗易懂，并告诉读者需要的某些信息，而且他能够买得起报刊的话，在刊登广告商信息的报刊像广告一样有效传播的情况下，任何事物都不能阻止他购买这份报刊。”①

二、发行量

中文报纸的平均发行量介于3 000份到4 000份之间。大报的发行量从7 000份到100 000份，相对于中文报纸的总发行量400 000 000份这个庞大数字而言，似乎也不可观，其中的原因是多方面的：①文盲率高或识字率低；②俚语和方言多样化。但是，所有的中文报纸都使用同一种书面语，这种书面语适用于全体中国人，如同英语在所有讲英语的国家都适用一样；当文盲率降低或者识字率提高，这个障碍就不存在了。

中国报纸发行量的真正障碍是缺乏便捷的交通。水路是最快的运输方式，而大多数情况下这些水路只是用作漕运的航道。相对而言，整个中国交通体系的布局是合理的，但内陆的某些地区只是依靠脚夫或者差役在几百英里的驿站间传递物品或信息。沿着扬子江等中国较长的江河顺流而下，水运航道畅通，管理规范，但与西方的铁路相比，中国的水运速度太慢。而铁路线连接的只是扬子江北部的大城市，华南的大部分地区尚未开通铁路。

另外一个障碍是报纸出版商都很保守，他们几乎不做任何努力来提高发行量，即使那些大报发行量的增长也是自然形成的，人为因素不明显。一些大报在城郊建立分号和代理处，以便提高发行量，但这些措施都不是积极的、富有效率的提升报纸发行量的规划。

因为报纸发行数据由出版人随意发布，所以不同报馆公布的发

① J. W. Sanger：《日本、中国和菲律宾广告制作方法》（*Advertising Methods in Japan, China, and the Philippines*）。

行量数字根本不准确。例如，上海《新闻报》自己公布的发行量是100 000份，与《新闻报》有出版和广告业务联系的其他商家提供的估算数字在45 000份到60 000份之间。上海《申报》是中国唯一由第三方会计师公布其每月发行量的报纸。在普华永道会计事务所(Lowe，Bingham Matthews)① 所公布的月报表中，我们发现以下信息："根据上月29日您信中的要求，我们对贵报进行了日发行量的详尽调查，以1923年4月为抽样基础。

我们请求提供以下报告及其以上述评：

印制总量	1 397 725
本埠代理售卖	396 512
本埠办事处售卖	313
外埠代理售卖	825 806
直接订阅销售（外埠和海外）	186 673
免费和赠送	5 406
未发送和库存	3 009
	1 397 725②

① 普华永道会计师事务所是由两家大型会计师事务所普华（Price Waterhouse）和永道（Coopers & Lybrand）合并而成，其法律结构与公司企业的结构差异很大。普华永道事实上是一些成员公司的集合，它们按照各自的权限自主运行。这些成员公司的高级合伙人是董事会的成员，并由一家在英国注册的总公司普华永道国际有限公司（Price Waterhouse Coopers International Limited）负责协调。普华永道在中国地区的历史沿革可以追溯到19世纪末20世纪初：1902年6月2日，Arthur Lowe注册成为香港第一位职业会计师。1903年，Joseph Bingham并入Lowe，更名为Lowe & Bingham。1906年，Lowe & Bingham在上海的博物馆博物院路（Museum Road，1886—1943的路名，现在的虎丘路）开设分支机构。1909年，上海的Frederick Matthews成为合伙人，更名为Lowe，Bingham & Matthews。1946年，Lowe，Bingham & Thomsons（缩写为LB & T）在上海成立，并与普华有紧密合作关系。香港办公室则成为普华的联系所。1974年，LB&M成为普华国际的成员所。1979—1992年，改革开放后，普华和永道先后进入中国大陆，其中普华在上海开设机构。——译注

② 此数据统计有误，应为1 417 719。——译注

扣除未发送和库存报纸，我们得到的净月发行量为 1 394 716 份[①]，或者平均日发行量为 46 490 份[②]。我们欣喜的是，根据上海《申报》等其他报刊和书籍的记录，我们的统计数据是准确的。”

然而，中国报纸的实际发行量不能通过订阅者的数量来测量。“……报纸在读者中间传阅着，每次交易只赚取可怜的费用，直到报纸破损得看不清字的时候才不得已烧掉。”[③] 美国的每份报纸平均传阅 3 到 5 个读者，中国的报纸出版人可以很自信地宣称他们的每份报纸至少在 12 到 15 名读者之间传阅。

上海大报的平均定价大约为每月 90 文，约合 45 美分。上海《新闻报》的订阅价最高，按照当时中国的市价为每月 1.1 美元。这是由脚夫在本埠派送的零售价。外埠寄递的报纸费用更高，这很大程度上决定于邮政成本的高低。为了帮助扩大报纸发行渠道，中国邮政当局已经给了报纸二等免费邮寄的优惠条件，但是在邮路不畅的地方还需要额外收取一笔费用。

上海作为中国的商业都会，在那里出现了迄今为止中国最好的报纸。上海的主要大报销行全国。但是，报纸在城市的发行量很不稳定，因为报纸发行由西方报业中所谓的派报同业工会所控制。由于报馆采用邮政系统在城市发行报纸，比依托派报行会的成本更高，所以报纸的发行就为派报工会所垄断。报馆批发给派报工会的价格是每份少于 20 个铜钱（1 个铜钱相当于 3/4 美分）。一份售价 50 个铜钱的报纸只能赚取 6% 的利润，即 3 个铜钱。除了报纸未售完不能退还外，派报工会实际上具有决定报价、派报地点和报纸派送速度的权利。派报工会自从上海第一种报纸创刊以来就存在。随着行会

---

① 原文数据有误，应为 1 417 710。——译注

② 原文数据有误，应为 47 157。——译注

③ J. W. Sanger：《日本、中国和菲律宾广告制作方法》（*Advertising Methods in Japan, China, and the Philippines*）。

成员的世代相传，行会越发强大。整个行会组织由几个大报头控制，其威力近似于一家大公司的董事会。

由于白报纸涨价和用工成本提高，报社曾经想过提高报价。而派报工会则拒绝接受涨价的做法，迫使报馆引用新的报童，但这些报童在派报工会的威胁下很快就被赶出大街。由于报纸在本埠的发行量对于所有的报社都至关重要，派报工会最终赢得了这场争斗的胜利。

除非派报工会被取缔，否则中国报纸在城市的发行速度就不可能提高。只要报纸发行的决定权还在派报工会手上，人们如果想早些看到报纸，就不得不支付比报纸实际价格高得多的费用。因此，派报工会极大地阻碍着报纸发行量的提高。这个难题一直困扰着很多中国报纸的发行人，但目前仍无解决的办法。

第五章 结 论

回顾中国的新闻传播业根本不存在仅有几家报纸的时代，人们不禁发出这样的慷慨：在过去的二十年里，中国本土报纸的发展和影响是显著的，它也成为促进中国进步的最重要力量。通过客观公正的新闻传播和强势舆论的形成，中国本土报纸使得民主的概念在中国深入民心。尽管中国目前仍然是军阀割据的局面，但是只要言论自由和出版自由有保障，中华民国就是稳定的，中国的民主就是稳定的。毋庸置疑，关于中国过去二十年本土报纸进步的任何评价都充满着希望。

认识到建立中国报纸的真正读者群休和公共服务的绝好机会已经来临，同时为实现报馆的财政基础和大众教育之计，很多年轻记者都热情澎湃地践行着他们神圣而崇高的“无冕之王”的理想。因为中国的未来寄托于学生，所以中国本土报纸的未来也寄希望于那些致力于新闻教育的富有公共服务意识的杰出青年。

中国几所大学已经创办了新闻系，这是令人鼓舞的事情。中国第一家新闻专业院系是由上海圣约翰大学校长卜舫济（Francis Lister Hawks Pott）[①] 博士于1921年创办的，而上海圣约翰大学则是美国圣公会创办的一所教会学校。上海圣约翰大学新闻系试办一张周报，作为实习报刊，其发行量为1 000份。其他大学也相继制订了创办新闻系的计划，诸如上海浸礼会创办的上海学院、上海复旦大学、国

① 卜舫济（Francis Lister Hawks Pott，1864—1947），美国牧师，曾在华办学。——译注

立北京大学、南京国立东南大学附设上海商科大学和另一所教会大学燕京大学等。由于这些大学大多数是用英文授课，所以它们对于中国本土报纸能起多大的推动作用，一直受到一些人尤其是本土报纸的保守人士的怀疑。

尽管中国本土报纸的前途是光明的，但是作为新生事物其发展前景又充满了困难和挑战。中国本土报纸发展中所面临的两个主要难题是政治不稳定和公众对于新闻业的偏见。政治动乱和各省督抚的割据势力继续阻碍着报纸的发展。中国本土报纸受政府控制并依赖于政府津贴，其结果必然局限于传统的套路。于是，公众认为记者们只是文痞，在很多传统人士看来，他们依然是摇唇鼓舌的下流痞子。直到本土报纸摆脱了政府的羁绊和束缚，向公众证明自己成为一种高尚的公共服务行业的时候，它们才能够在世界报坛立于不败之地。

为了克服这两个难题，并为中国带来具备真正的公共服务意识的新闻事业，中国报业还有很多方面需要改进。由于篇幅所限，本书不再讨论细节，在这里仅提出四条建议：

（1）传播方式有待改善。应该尽力实施低廉的电报和电话费率。中国应该引入长途电话线。便捷的传播途径不仅降低了从全国其他地区获取新闻的高昂费用，而且能促进更多全国性报纸的创办，否则全国性报纸的发展将严重受阻。

（2）中国现存的所有本土报纸都应该加强组织和联合。通过合作，不仅可以提升整个报纸行业，而且能够奠定言论自由及其维护言论自由的基础。报纸协会可以进一步在合作的基础上形成辛迪加，这种形式在西方报业中已被证明非常成功。

（3）中国本土报纸的新闻采集政策有待改善。报纸记者不应只是抄录电报公司或者新闻通讯社提供的消息，应该引导他们走出去采集当天的新闻。人们感兴趣的新闻故事应该代替本土报纸上占据主要版面的冗长的政治性报道。本土记者应该培养新闻敏感，辨别谣言、闲言碎语与事实的能力，同时加强采写新闻的准确性。编辑政策应该是建设性的建议，而非诋毁性的批评，因为偏见会扼杀报纸，满纸牢骚则会降低报纸的威信。

（4）应该创办富有效率和值得信赖的国际新闻通讯社。中国和其他国家的报纸应该联合支持这样的通讯社。只有如此，中国报纸才能够从西方国家获取准确的信息，同时其他国家的报纸也将从中国获悉真实报道。

中国正值从独裁君主制向共和制、从古代文明向现代民主转变的转型期。这个历史时期为本土新闻业提供了一个建立公共服务和公正理念的前所未有的机遇。中国的新闻事业亟须稳定和有策略的引导，以帮助中国实现从混乱、无序和保守的国度向繁荣、和平和民主共和国的伟大转变。

索　引

中外文报刊索引

姓名索引

附录一：范约翰《论报刊》及《中文报刊目录》

美国北长老会传教士范约翰（John Marshall Willoughby Farnham，1830—1917）在1890年5月上海召开的在华基督教传教士大会上提交了会议报告《论报刊》（*Essay on Periodical Literature, and List of Periodicals in the Chinese Language*），其附录《中文报刊目录》调查总结了当时的中国中文报刊。范氏《中文报刊目录》被认为是第一个中文报刊目录。

报刊时代

当本杰明·弗兰克林（Benjamin Franklin）请求后来成为其未婚妻的一位姑娘作为帮手时，据说姑娘的母亲以本杰明·弗兰克林打算创办一种报纸作为反对他们结缘的理由。这位可爱的夫人说："美国已经有一张报纸了。美国有一张报纸就足够了。"美国人不赞成这种认识，弗兰克林当然也不赞成。后来，他不仅娶了这位姑娘，而且创办了自己的报纸。报刊的繁荣时期已经到来。1882年，H. P. 哈伯德（H. P. Hubbard）出版的《世界报纸目录》（*A Newspaper Directory of the World*）包括34 274种报刊，其中近三分之一的报刊（11 207种）在美国出版。某种报纸的发行量号称200 000份。中国现有28种中文报刊。与美国相比，从人口比例来讲，中国报纸的发行量十分有限。中国比世界上其他国家的报纸都要少，当然非洲内陆除外，因为那里根本没有报纸可言。

目前，中国拥有28种中文报刊，就人口比例而言，这些报刊的发行量很小，仅相当于美国4种报刊的发行量。然而，中国可以自豪地说，她拥有第一种印刷报纸。据说《京报》以现存形式出版达一千年，每天的发行量达10 000份。中国具有这样历史悠久的报纸，所以必然拥有灿烂的报刊文化。

两种传播福音的有效途径

报刊与传教有什么关系呢?

人们普遍认为，传播福音的两大途径是声音和报刊。在某些层面上，声音更具优势。对于文盲而言，声音是唯一的传播途径；对于不能阅读而形同盲人的群体而言，书刊是徒劳的。人际接触、人类的同情心和爱心所唤起的人们的兴趣比笔触更加深刻而持久。不过，人们只能在一个有限的地域听到一种声音，而书刊可以无限制地复制和传递。最近四五十年印刷机性能的极大提高已经很大程度地增加了所有文学作品的年度发行量，以至于书法、印刷和出版已经成为重要行业。具有这样迅速发展的便利条件，大众作家的影响力比其他人类群体变得更加广泛和持久。文学作品可以分为两类：书籍和报刊。书籍能够重新印刷，同样一本书可以修订，也可以不修订；但是，报刊包含着新颖而截然不同的事情。虽然报纸一般寿命不长，但它具有新近、新鲜和多样化的优势，报纸的本质属性使它具有取悦人和吸引人的特征。这种文学形式在一个疆域广袤而文学历史悠久的国度肯定受欢迎。几种报刊已经在中国创办起来，不仅在其边远地区发行，而且随中国人传播到美国的桑德韦奇群岛、新加坡海峡两岸、澳大利亚和新西兰。中国人是否拥有报刊文学不再成为一个问题，对此我们可以不假思索地说：中国人有自己的报刊文学。传教士是否共同构筑了中国的报刊文学？报刊是否是布道传教的组成部分？最早的月刊可以追溯到1815年。早期传教士肯定地回答了这个问题。马礼逊（Robert Morrison）、米怜（William Milne）和麦都斯（Walter Henry Medhurst）都参与了这个新闻事业的构筑。

报业好像停泊在码头的一艘船，作为文学的组成部分，它准备发送到帝国各地。你可以上船并观察各类书刊。报刊讨论科学和文学话题，提供当代的新闻、发明等，与道德和宗教主题无关。掌管报业的政党慷慨地提供免费的《圣经》、《旧约全书》和《新约全书》等宗教书刊。你在犹豫不决。政党提供和印刷宗教书刊，并免费派送。你仍然在怀疑这种便利并退缩。你指出几种异教徒和非道德的书刊，并要求丢弃它们。假如你进入这个行业的话，你就被授予权力来掌握这个行业。这艘船就是报刊文学之船。那么，你将上船掌舵，还是将它作为异教的东西丢弃呢？

宗教的侍者

传教士应该放下自己的分内工作来创办报刊吗？采集新闻是不是传教布道的组成部分？我们不能把报刊视为敌对物，而应该把报刊作为宗教的侍者，作为忠诚于耶稣的善男信女手中的工具。我们应该从异教徒和怀疑基督教的人手中夺回报刊，并把报刊作为攻击他们的武器。通过信任、祈祷和艰辛工作，我们的基督文学对人类文明和基督领地产生的巨大影响是什么？难道成为一个成功的基督报刊的编辑或者撰稿人不是拓宽而是削减了一个人的影响？

报纸讨论的话题和空间是多样化的，所以报纸可能会比传教士到达更加广泛的受众群体。一位著名牧师的宣讲可以达到 5 000 ~ 6 000位听众，但是他的布道据说能够在 3 000 种报刊上刊登，而且可能被不少于 100 万名读者阅读。

个人是否应该全身心地投入这份工作中，得视具体情况而定。接下来的论述可能引出一个关于个人职责的结论——这项工作的重要性和覆盖面；所做的工作与要求的比较；个人自己的口味和适应性。

成功编辑必备的素质

除了才能和圣灵的恩赐之外，成为一名成功记者要求具备高度机敏、出众的能力和不屈不挠的拼搏精神。报刊编辑要具备广博的知识、良好的教育和丰富的阅历，因为所有话题都可能成为报刊讨论的对象。成功编辑需要与读者沟通。他们不仅是牧师，还要研究读者的所思所想，为读者提供所思考问题的答案。

查尔斯·A. 戴纳（Charles A. Dana）说："作为一名记者，只拥有学识、知识和阅历还不够，还必须具备道德禀赋。独立的思维、良好的天赋、忠贞的诚实、识别通向自由的途径，而且最为重要的是在所有权威或者政党面前无所畏惧的勇气，这些都是记者不可或缺的素养。具备这些素质的人——没有人完全具备这些素质——在办报过程中会表现得淋漓尽致，不必担心缺乏读者或者担忧在某个公共事务报道中应有的影响力。"

插图、创新、发现、新闻、修辞、故事和轶闻等都可能成为我们报刊流行的原因，所以它们必须出现在报刊版面上，否则读者就看不到，我们的工作就是徒劳的。

报刊新闻的力量

有学者说："报刊新闻的力量就像社会的作用那样无边无际。报刊所传播的信息可以到达皇室，也可以到达民舍。它可以消除不公正，却是傲慢的；它能够提升平凡，而是深刻的。报刊像闪电一样，它穿透每个角落，光束中承载治愈各种疾病的良方。它阻止暴政和独裁的泛滥。它把整个社会的道德力量集中在一个点上，而不施与暴力。"

另一位学者说："报纸经常做一些教士们退缩和畏惧的事情；报纸已经进行了与公共和私人腐败争斗的绝世无双的一项工作。记者的工作给人们带来的喜悦和满足胜过任何人直接操作任何事物；巨大的力量流淌在广泛发行报刊的栏目中。"

宗教报刊

作为基督教徒，尤其是传教士，我们对于报刊的兴趣肯定集中在刊登耶稣圣坛的新闻上面。刊登科学、艺术或者文学的报刊可能在从事一项神圣的事业，而且我们欣喜地看到它们掌握在富有圣灵的人手中。但是，我们已经将身躯献给上帝，我们期望主所拥有和保佑的报刊文学必定泽惠于真诚和祈祷、奉献于灵魂超度。我们的报刊可能适当地刊登了所有种类的有用信息，但是它们必定包含了拯救真理的信息、心向耶稣的言辞和构筑最真诚地信仰耶稣的群体。

把宗教报刊作为传教系统工程的组成部分，我们就可以将报刊打造成所设计的模式——使报刊值得信任和支持，提高报纸发行量，使报纸发挥作用并有助于教徒。

老报刊

附录所列举的76种报刊中，很多只生存了几年时间，有些甚至只生存了几个月。在这些宗教报刊中，最悠久的是在福州出版达16年的《郇山使者闽省会报》（*Church Advocate*）和《小孩月报》（*Child's News*），其次是《小孩月报》（*Child's Paper*）和《万国公报》（*Globe Magazine*），各出版15年。《小孩月报》（*Child's News*）由嘉约翰（John Glasgow Kerr，1824—1901）博士资助，在广州出版近一年，从创刊到现在近16年之久。《万国公报》刚开始以《教会新报》（*Church News*）的名称出版，然后改为此名，中间停刊5年，现在以同样的编辑监管和中文名字出版，英文名称为"*A Review of the Times*”。

除《京报》外，传教士首先用中文出版报刊。在1860年之前，共有8种宗教性报刊，没有世俗性报刊。

在表中列出的76种报刊中，40种是宗教性报刊，36种属于世俗性报刊。35种月刊，8种周刊，20种日报，1种半月刊，1种旬刊，1种三天发行周期刊，1种两天发行周期刊和2种非周期性发行刊。5种用上海方言出版，1种用厦门方言出版，1种用福州方言出版。

《小孩月报》(*Child's Paper*)、《画图新报》(*Chinese Illustrated News*)和《郇山使者闽省会报》允许文章用官话或者文理出版。《闽报》用官话出版，其他所有报刊都用文理出版。

在31种出版至今的报刊中，15种是宗教性报刊，16种属于世俗性报刊。

范约翰《中文报刊目录》

序号	名称	主编	出版地	创刊期	最大发行量	特征	售价（美元）	形制	备注
1	京报		北京		10 000	世俗	6.60	书刊	日报。
2	察世俗每月统记传	米怜，马礼逊（博士）	马六甲	1815年		宗教		书刊	月刊。 1821年停刊。 据伟烈亚力《基督教在华传教士纪念录》（美华书局1867年版，第19页），马礼逊不是主编，只是后期的撰稿人。
3	特选撮要	麦都思（博士）	巴达维亚	1823年		宗教		书刊	月刊。 第2期继续出版。 1826年停刊。
4	天下新闻	修德（牧师）	马六甲	1828年		宗教		报纸	1829年停刊。

（续上表）

序号	名称	主编	出版地	创刊期	最大发行量	特征	售价（美元）	形制	备注
5	东西洋考每月统记传	麦都思，郭实腊（博士）	新加坡	1833 年		宗教		书刊	月刊。 1838 年停刊。 据伟烈亚力《基督教在华传教士纪念录》（美华书局 1867 年版，第58页），出版地先是广州，1837 年2 月在新加坡出版。
6	各国消息	麦都思，理雅各，希礼尔（博士）	广州	1838 年		宗教		书刊	停刊。
7	遐迩贯珍	麦都思，理雅各，希礼尔	香港	1853 年 8 月		宗教		书刊	1856 年 5 月停刊。
8	中外新报	玛高温（医学博士）	宁波	1854 年 5 月		宗教		书刊	半月刊。 1861 年停刊。
9	六合丛谈	伟烈亚力	上海	1857 年 1 月		宗教	0.15	书刊	月刊。 1858 年 1 月停刊。
10	中外新报	区协森（Ow Hip-sang）（音译）	香港	1861 年	1 200	世俗	5.00	报纸	日报。 《中外新报》全称应为《香港中外新报》。创刊期（即由《香港新闻货价纸》改本名期）不是 1861 年。据卓南生《中国近代报业发展史：1815—1874》（中国社会科学出版社 2002 年版第 105 - 106 页），《香港中外新报》

（续上表）

序号	名称	主编	出版地	创刊期	最大发行量	特征	售价（美元）	形制	备注
									应为香港英文日报《孖剌报》（*Daily Press*）所办，约在1857年或1858年创刊，初为周三刊，1873年《香港中外新报》改为日报。
11	中外杂志	玛高温	上海	1862年7月		宗教	0.15	书刊	月刊。 1863年停刊。
12	香港近事编	王韬（博士）	香港	1864年5月		世俗	5.00	报纸	日报。参见54条。 1883年停刊。 根据宁树藩《怎样评价范约翰的〈中文报刊目录〉》，该报全称为《香港近事编录》，简称《近事编录》。
13	上海新报	詹美生，华美基，傅兰雅，林乐知（法学博士）	上海	1864年5月	350	世俗	2.00	报纸	周三刊。 参见53条。 1872年停刊。
14	中外新闻七日录	湛约翰（法学博士）	广州	1865年2月		宗教	0.10	报纸	周刊。 1870年停刊。
15	广州新报	湛约翰，嘉约翰（医学博士）	广州	1865年	400	宗教	0.21	报纸	周刊。 1871年停刊。
16	飞龙报篇		伦敦	1866年			5.00	报纸	月刊。
17	教会新报 万国公报	林乐知（神学博士和法学博士）	上海	1868年9月	3 500	宗教	1.00	书刊	周刊。 1883年停刊。 参见第68条。

（续上表）

序号	名称	主编	出版地	创刊期	最大发行量	特征	售价（美元）	形制	备注
18	圣书新报	范约翰（神学博士）	上海	1871年11月	300	宗教	免费	报纸	上海方言。周刊。1874年停刊。
19	申报	钱昕伯，黄式权（协埙）	上海	1872年4月	16 700	世俗	3.50	报纸	日报。根据宁树藩《怎样评价范约翰的〈中文报刊目录〉》，黄式权当时只是《申报》编辑，1894年原主编何桂笙离职后，黄式权担任主编。《申报》的发行量16 700不实，至20世纪初才开始突破万份。
20	中西闻见录	丁韪良（博士），艾约瑟（博士），包尔腾	北平	1872年6月		宗教	1.00	书刊	月刊。1874年停刊。参见第40条。根据宁树藩《怎样评价范约翰的〈中文报刊目录〉》，创刊于1872年8月，停刊于1875年8月。
21	华字日报	陈蔼庭，王韬	香港	1872年8月		世俗	5.00	报纸	日报。根据宁树藩《怎评价范约翰的〈中文报刊目录〉》，《华字日报》的创刊期为1872年4月17日。
22	瀛寰琐纪	钱昕伯，黄式权（协埙）	上海	1872年8月		世俗	0.96	书刊	月刊。1873年停刊。参见第26条。

（续上表）

序号	名称	主编	出版地	创刊期	最大发行量	特征	售价（美元）	形制	备注
23	谈道新编	沈子星，杨鉴堂	汉口	1872 年		宗教	1.00	书刊	月刊。1872 年 8 月，英国传教士杨格非在汉口创办的第一份中文月刊《阐道新编》（*Religious News*），也译为《谈道新编》。实际上，该报由杨格非的中文教师沈子星与仁济医院助理医师杨鉴堂共同主编。初为手抄本，不久改为活字木刻。1876 年停刊。
24	民报	宋悫公	上海	1873 年 6 月		世俗	2.80	报纸	日报。1873 年停刊。
25	近事汇编	金楷理，林乐知	上海江南制造局	1873 年		官报			月刊和季刊。
26	寰宇琐纪	钱昕伯	上海	1873 年 8 月		世俗	0.96	书刊	月刊。1874 年停刊。参见第 22 条。
27	循环日报	王韬，黄澍棠	香港	1873 年 12 月		世俗	5.00	报纸	日报。
28	小孩月报	李承恩夫人和哈巴德夫人	福州	1874 年 2 月	1 200	宗教	0.93	书刊	福州方言。月刊。
29	小孩月报	嘉约翰（博士）	广州	1874 年 2 月		宗教		书刊	月刊。1874 年 10 月停刊。后在上海复刊。参见第 36 条。

（续上表）

序号	名称	主编	出版地	创刊期	最大发行量	特征	售价（美元）	形制	备注
30	汇报	贾季良	上海	1874 年 6 月		世俗	3.50	报纸	日报。 1874 年 8 月停刊。 1874 年 6 月 16 日，容闳协助上海知县叶廷眷、怡和洋行买办唐廷枢等创办《汇报》（英文名 *News Collector*）。葛理（Grey）任名义总主笔，容闳和黄子韩、贾季良、管才叔和朱莲生等为实际主笔。
31	四溟琐纪	钱昕伯	上海	1874 年 8 月		世俗	0.96	书刊	月报。 连续出版到 1875 年。 参见第 26 条。
32	彚报	贾季良	上海	1874 年 9 月		世俗	3.50	报纸	日报。 1876 年停刊。 根据宁树藩《怎样评价范约翰的〈中文报刊目录〉》，彚报创刊时名为“汇报”，主编为黄子韩、贾季良。
33	福音新报	费启鸿	上海	1874 年 10 月	300	宗教		书刊	上海方言。
34	郇山使者闵省会报	李承恩	福州	1874 年 11 月	700	宗教	0.12	书刊	月刊。
35	汉皋日报	罗德	汉口	1874 年		世俗			日报。 停刊。
36	月报	范约翰	上海	1875 年 5 月	4 500	宗教	0.13	书刊	月刊。 29 期续刊。 《月报》（*Child's Paper*）应该指范约翰主编时期的《小孩月报》。

（续上表）

序号	名称	主编	出版地	创刊期	最大发行量	特征	售价（美元）	形制	备注
37	益报	贾季良	上海	1875 年 7 月		世俗	3. 50	报纸	日报。 1875 年 11 月停刊。
38	格致汇编	傅兰雅	上海	1876 年 2 月	4 000	科学	1. 00	书刊	月刊。 1881 年 1 月停刊。 1890 年续刊。
39	福音新报	娲西利姐妹	福州	1876 年 2 月		宗教		书刊	月刊。 1877 年停刊。
40	益智新报	林乐知，艾约瑟和慕维廉（牧师）	上海	1876 年 7 月		宗教	1. 00	书刊	月刊。 20 期续刊。 1878 年停刊。
41	东洋新报	冈本鉴辅	日本	1876 年 8 月		世俗	1. 50	书刊	月刊。 停刊。
42	新报	冯竣光	上海	1876 年		世俗	3. 50	报纸	日报。 停刊。
43	瀛寰画报	钱昕伯	上海	1877 年 9 月		世俗	1. 20	书刊	月刊。 停刊。
44	福音新报	蓝柏（神学博士）	上海	1878 年 3 月		宗教		书刊	上海方言。 月刊。 1879 年 2 月停刊。
45	益闻录	天主教传教士	上海	1879 年 3 月		宗教	3. 50	报纸	三天一刊。 罗马天主教。
46	画图新报	范约翰	上海	1880 年 5 月	3 000	宗教	0. 25	书刊	月刊。
47	昭文日报		汉口	1880 年		宗教			日报。 停刊。
48	西医新报	嘉约翰	广州	1880 年		宗教	0. 50	书刊	月刊。 停刊。
49	基督徒新报	蓝华德（博士）	上海	1880 年 11 月		宗教	0. 20	报纸	上海方言。 周刊。 1881 年 3 月停刊。 基督教监理公会蓝华德（W. R. Lambuth，1854—1921）是蓝柏之子。

（续上表）

序号	名称	主编	出版地	创刊期	最大发行量	特征	售价（美元）	形制	备注
50	甬报	张让三	宁波	1881 年 2 月		世俗	0.24	书刊	月刊。 1882 年 1 月停刊。
51	叻报	叶季允	新加坡	1881 年	700	世俗	12.00	报纸	日报。
52	沪报	蔡尔康	上海	1882 年 5 月	8 000	世俗	2.80	报纸	日报。 13 号续刊。
53	武汉近事编	魏修米（Ngae Siau-mae）（音译）	汉口	1883 年 5 月		世俗	1.00	书刊	周刊。 1887 年停刊。 参见第 62 条。 1887 年改名为《益文月报》。
54	维新日报	陆骥纯	香港	1883 年 5 月		世俗	4.00	书刊	日报。 12 号续刊。
55	点石斋画报	吴友如	上海	1884 年 5 月		世俗	1.80	书刊	旬刊。
56	华美日报	王世奇（Wong Sae-ki）（音译）	美国	1884 年		世俗		报纸	日报。 停刊。
57	厦门新报	巴德	厦门	1886 年 6 月		世俗	0.30	书刊	月刊。 仅出版 3 期。 停刊。
58	广报	邝其照	广州	1886 年		世俗	3.50	报纸	日报。
59	孩提画报	福斯特夫人	上海	1886 年	1 000	宗教		书刊	中国官话。
60	训蒙画报	韦廉臣（法学博士）	上海	1886 年	10 000	宗教		书刊	不定期。
61	香港粤报	吴利源（Woo Li-yuen）（音译）	香港	1886 年		世俗	4.00	报纸	日报。 《香港粤报》又名《粤报》，1885 年（光绪十一年）创刊，香港汇丰银行买办罗鹤明资助创办，聘请冯魏主持。

（续上表）

序号	名称	主编	出版地	创刊期	最大发行量	特征	售价（美元）	形制	备注
62	益文月报	杨健东（Yang Kyan-dong）（音译）	汉口	1887 年 2 月		宗教	1.00	书刊	月刊。 53 号续刊。
63	圣心报	李问渔	上海	1887 年 6 月		宗教	0.10	书刊	月刊。 罗马天主教。
64	时报	查聪健（Cha T'soong-kin）（音译）	天津	1887 年 10 月		世俗	3.50	报纸	日报。 据戈公振《中国报学史》，《时报》创刊期为 1886 年。
65	华英经报	J. S. 哈珀（J. S. Happer）和孙尤（P. Sun Yow）（音译）	纽约	1888 年 4 月		宗教	1.00	书刊	中英文。 月刊。
66	词林画报	蔡紫黻（蔡尔康）	上海	1888 年 4 月		世俗	2.60	书刊	周刊。 1888 年 5 月停刊。
67	漳泉公会报	H · 辛普森	厦门	1888 年	650	宗教	0.10	书刊	厦门方言。 月刊。
68	万国公报	林乐知	上海	1889 年 2 月	3 000	宗教	1.00	书刊	月刊。 17 号续刊。
69	福音新报	J. N. B. 史密斯	上海	1888 年 2 月	1 300	宗教	0.20	报纸	上海方言。 周刊。
70	成童画报	D. S. 默里	上海	1889 年 2 月	670	宗教	0.50	书刊	月刊。 1890 年 2 月改为日新画报。
71	万古无双		日本	1889 年		世俗			
72	厦门画报		厦门	1889 年		世俗			
73	星报	林衡南	新加坡	1890 年 3 月		世俗	12.00	报纸	日报。

（续上表）

序号	名称	主编	出版地	创刊期	最大发行量	特征	售价（美元）	形制	备注
74	教会报	巴克礼	台湾	1885 年	700	宗教		书刊	罗马化口语。月刊。
75	教会报	汲约翰	汕头	1889 年		宗教	0.08	书刊	罗马化口语。月刊。
76	郇山使者 闽省会报	李德立	九江	1890 年	1 000	宗教	0.06	书刊	官话和文理。月刊。

附录二：中国新闻事业的开端[1]

［澳］廷柏利（田伯烈）

1930年11月25日北平“中华事典”协会的演讲

我在英国的一位同事最近被邀请在一个记者集会上宣读论文。在演讲开始前，他说所有那些热衷在公开场合露面的鲁莽的倒霉蛋儿事先都应该得到警告，他们应该铭记这样一条重要的真理：如果他犹豫不决，演讲失败了，那么他的道歉将会遭遇更多的谴责。他建议，在这种情况下，绝对不要道歉。坐下来，一言不发，使劲擤鼻涕。这样的姿态代表着足够的决心，至少让人相信你是初次登台导致窘迫，因而可以挽回些面子。

女士们、先生们！今天下午的演讲如果以这样惊人的方法而获得了由于初次登台而窘迫的名声，绝非我的初衷。相反，我或许将自己置于三重谴责的风险之中，我不仅道歉，而且要表白和解释。我必须要说的是，这是我生平第一次在公开舞台上做演讲，而且我应该向大家道歉，原谅我在众多汉学研究领域的专家面前班门弄斧。但是，我希望大家以宽厚的心态对待我的初次演讲，至少像法庭传统上对待初犯的原告那样态度宽厚，尤其是当我保证不再重复犯错的情况下。

为了减轻我的忐忑和不安，我需要事先向大家说明一点，作为

---

① 该文为作者［澳］廷柏利（一译田伯烈，H. J. Timperley）于1930年11月25日在北平“中华事典”协会上的演讲，文章英文名为“The Beginnings of Journalism in China”。——译注

"中华事典"协会里可能是最年轻的一个成员，蹿到大家面前来宣读主题隐藏在众多不确定史料中的论文——"中国新闻事业的开端"——是多么的鲁莽。今天的这个演讲是在"中华事典"协会会长芒斯（Madame Munthe）夫人的一再要求下进行的。她的善意劝告使我坚信，你们都不会由于不能忍受我的论文而责备我。其主要理由是，我于1925年秋天参加了燕京大学国文学系举办的一系列饶有趣味的讲座。众所周知，这些讲座冠以"复兴国学"的主题，由燕京大学王克私（Philip de Vargas）[①] 博士主持。在这些演讲中，王克私博士讨论了西方文化对于中国的积极影响，而且他据此推荐，我们每个人都应该选取一些西方文明的物质进步，并研究这种物质进步被中国人接纳的情况。作为一名报人，我自然选择报刊新闻学作为特别的研究话题，今天下午我将展示给大家的这些论点代表了我的部分研究成果。这是我通过不断的调查，断断续续搜集到的材料。

研究优势之一

我认为，任何一项研究的最大好处，同时也是促成这种好处的理由之一是，该项研究经常引导你进入另外一条你原来根本没有预料到的探索蹊径。所以，基于这样的研究优势和路径，我起初把自己的研究主题锁定在中国第一张世俗化报纸的出版环境上。但我很快就发现自己的研究内容沿着中国历史的发展轨迹在向前延伸，一直追溯到公认的中国历史真正开始的地方，作为我的研究起点。不仅如此，不久之前，我发现自己面临着一个预想不到的词源学难题，在此也希望大家能够赐教。这个问题的提出，源于我希望能找到一个满意的词来代替"新闻"。在我看来，整体而言，至少"新闻"一

---

① 王克私（Philip de Vargas），瑞士人。1913年到1920年担任北京、济南、武昌和汉口等地中华基督教青年会干事。1920年到1941年、1945年到1948年任燕京大学神学和史学教授。——译注

词并不能涵盖我所要描述的“公共写作艺术”的全部意义。我希望能找到一个词能完整地阐述“公共写作艺术”，就像“口述”就是指“公共演说艺术”一样。对于“新闻”一词的理解见仁见智。在大多数词典中，“新闻”被界定为“在报刊上传播的誊写或印刷的内容”，而对“报刊”的界定又是“日志，事件的每日记录，或者期刊”[①]。因此，根据这个逻辑，在大众报刊出现之前就没有所谓的“新闻”。以英国为例，我们知道，第一张报纸直到1622年左右才出现。然而，在此之前的数百年间，现代记者和报纸在不同的社会机构中已经具备了其对等物，这些雏形报刊伴随着人类文明沿着同样的路径发展至今。

有观点认为，古希腊的剧院就是现代报刊的雏形。作为一个受欢迎的场所，古希腊剧院吸引了大量观众，而经典的雅典戏剧作者——欧里庇得斯（Euripides，前480—前406年）、埃斯库罗斯（Aeschylus）、索福克勒斯（Sophocles）、阿里斯托芬（Aristophanes，约前448—前380年）等人充分利用其作品每次公演的机会，来影响居民关注当下的政治话题。要探索英国报刊的起源，我们必须追溯到16世纪末，当时刊载民谣的单页小报主要描述了战争和杀戮的状况，这些单页小报由“信使”或者小贩沿街兜售。当时每一位富足的政客和贵族都雇有自己的幕僚，而幕僚往往通过各种渠道为主子提供登载当时所发生事情的“新闻信”。这些手抄报纸引起了当代记者的浓厚兴趣，因为它们向我们揭示了现代记者的先驱们工作内容的一角，并在不经意间告诉我们，这些手抄报纸的誊写人通常都是

① 舒新城、沈颐、徐元诰、张相主编：《辞海》，中华书局香港分局1974年版，第617页，“新闻纸（newspaper）以报告新闻为主要业务之刊物也，亦称报纸。大抵按日发行，但亦有三日刊或七日刊者。按‘新闻’一名，宋时已见于记载。赵昇《朝野类要》‘边报，系沿边州郡，列日具干事人探报平安事宜，实封申尚书省枢密院；朝报，日出事宜也，每日门下后省编定，请给事判报，方行下都进奏院，报行天下，其有所谓内探、省探、衙探之类，皆衷私小报，率有漏泄之禁，故隐而号之曰新闻’”。——译注

法院的文书，通过这种方法挣些零散银子，但他们还不能称为记者。这些手抄报现今仍被一些私人所收藏，从中可以看到，其内容大部分是关于宫廷轶事、城镇商人的谈话和来自欧洲大陆书信的节选。在下文的论述中，我们可以看到，中国和日本在现代报刊新闻产生之前很早就出现了各种形式的报纸雏形。

新闻定义

正如我刚才提到的，狭义上的“新闻”被认为依附于大众期刊而出现，没有期刊就没有“新闻”。但我认为，对于这个词，或者说这个概念，有一个更令人满意的定义，那就是“为了获得即时和实际效果的写作艺术”，正如修辞学是为了达到相同目的的演讲艺术一样。过去，演说拥有比现在更强大的威力，因为小规模的城邦国家能保证被统治者听到一个声音。随着罗马帝王权力的增长和元老院权力的衰落，书面语逐渐取代口头语的地位，成为中世纪皇权统治舆论的工具。然而，也正是印刷术的出现，才使期刊的出版发行成为可能，并扭转了演说的弱势局面，至少在广播出现前是如此。大众不仅仅能听到，还能借助印刷技术看到并理解演说内容。但没有一个词语能描述这个取代了演讲或者公众演说，并为新闻（现代已经采纳了这词）的发展开辟了道路的公共写作艺术，而这正反映出我在文章开头提出的那个词源学问题。那些小册子、政治论著、讽刺文章，还有带着目的性的所谓的诗歌等，都与当时的社会和政治背景有关，它们的动机就在于刺激、启发或影响舆论，但目前还没能找到一个令人满意的通称将它们归类。把它们归类为“文学”也行不通，因为文学作品的意义是更为久远的，文学作品的价值在于优美的形式或充满感情的内容，而不是对当时社会的实际影响。

有需求才有创新，于是我不禁着手创造一个新的词语来形容我所谈到的这一类公开的写作。我并没有想把它当成我个人的责任，因此，当我回想起葛利普（A. W. Grabau）博士在命名“北京猿人”的过程中所体现出的科学性和巧妙时，我决定借助他对人类知识的丰富贮备，请他帮忙。大概一周前，我们用了一个美好的周日下午，在他的书房分别仔细查阅了英文、拉丁文、希腊文的字典，终于发现了一个符合要求的词语。这个词是“scriptology”，源自拉丁文，表示“写”的动词“scribere”，而希腊文表示“词语或者言语”。我们觉得，纯粹主义者可能会拒绝承认这个词，因为它是拉丁语和希腊语词根的混合体，但从另一方面来说，它看起来很合适。如果英语词汇能充分切合目前情况的话，那我这篇文章的题目就不是现在这个，而是“中国记事艺术的发展”了。

《罗马报》比《京报》更早

一种通常的说法认为，中国产生了世界第一份报纸《京报》[①]，从唐代到前些年，《邸报》（《京报》）经历了许多个世纪，每天出版。但事实并非如此，这种说法应该在历史和技术的层面被推翻。首先，《京报》不是一份报纸而是一份政府施政记录；再者，古罗马的《每日纪闻》（*Acta Diurna*）比《京报》产生得更早，相传是在公元前60年，凯撒大帝为了记录元老院的活动而颁布法令建立的。《每日纪闻》由被称为Actuarii的政府官员编写，包含了重大军事胜利的信息和其他让人感兴趣的事情，比如选举、审讯、比赛、祭祀和离奇的事等。

根据1833年4月《中国丛报》（*Chinese Repository*）记载，《京报》原本是专门提供给朝野官员看的，对外发行是不合法的，就如

---

① 根据白瑞华《中国报纸（1800—1912）》（*The Chinese Periodical Press*：1800—1912）（暨南大学出版社2011年版，第10页），清朝早期以前的《京报》称《邸报》。“京报”的名字在清朝早期流行起来，源于著名报房荣禄堂使用这个名字作为新闻纸的名称。——译注

英国禁止议会演说出版的情况一样。官员的升迁除降等内容是《京报》的主要内容。卫三畏在《中国总论》里把《京报》形容为没有任何评论或解释的关于官场活动、官位升迁、政令颁布、罪行判决的简单记录。他写道："（《京报》）在城市受教育的人们中广泛地阅读、谈论，因此他们对统治者所作所为的了解程度，比罗马市民对君主和元老院的了解要好得多。在各省，数千人受雇用来为那些买不起完全版本的读者摘抄《京报》。"①

各地官员会以《京报》为模板在各自的省城里出版类似的刊物，内容包括各个衙门的案件审理、公告、官员互访的信息和为数不多的本地新闻。这些省办刊物的订阅者是当地官员和一些一心想升官晋爵的人。我不认为这些刊物就是中国报纸的先驱，于是花些时间整理了一份关于它们性质的大纲。我稍后会提到，这些官办刊物的存在是妨碍中国新闻事业萌芽的一个原因。

中国新闻业（或者说中国记事艺术）的源头出现在比唐代更久远之前。我想，这至少要追溯到《诗经》出现的时期。正如胡适先生在译作《中国古代哲学方法之进化史》的引言中所提到的，除了《诗经》，我们不能在别处找到比它更生动的对当时社会风貌的描写。为了证明书中诗词对于当今研究的可靠性，他举了一个例子加以说明。一首诗中提到了出现日食的日期，这个日期是公元前 776 年 8 月 29 日，天文学家证明当天的确出现了日食现象。

诸侯国合并

你会记得周朝初期至少有 800 个诸侯国，后来由 6 个势力强大的诸侯国吞并了其他小国并长期处于混战局面，直到公元前 3 世纪后期，秦朝统一了中国。《诗经》生动形象地描绘了战争场面和连年

① ［美］卫三畏著，陈俱译，陈绛校：《中国总论》，上海古籍出版社 2005 年版，第 294 页。——译注

混战带给百姓的艰苦生活。它描绘了士兵长期离家的军旅生活，还有因封建等级制度逐渐瓦解而引起的社会动荡。空荡荡的织布机、贫困的饥民、肚满肠肥的富人、无序的国家、贪婪的政府，还有沉重的苛捐杂税……所有这些场面都写进了诗集里，展现了当时的经济困局。

我在这里引用几句胡适先生的译作来证明这部非凡的诗歌集可以视为感情激昂、语言犀利的“新闻”（或者“记事艺术”），诗歌里的批判主义精神和反抗精神清晰可辨，甚至带有绝望。例如下面这些直言不讳的诗句：

节彼南山，维石岩岩。赫赫师尹，民具尔瞻。忧心如惔，不敢戏谈。国既卒斩，何用不监！节彼南山，有实其猗。赫赫师尹，不平谓何。天方荐瘥，丧乱弘多。民言无嘉，憯莫惩嗟。

还有一位诗人，因为厌倦了贪官污吏和苛捐杂税，愤而离开了自己的家乡。他留下这样的道别：

硕鼠硕鼠，无食我黍！三岁贯汝，莫我肯顾。逝将去汝，适彼乐土。乐土乐土，爰得我所。

有时可以从诗中瞥见当时的经济状况。妇女也被剥削劳动力，而且劳动力十分廉价，百姓冬天只能穿着夏天的草鞋。下面这首诗就描绘了这种普遍存在的社会现象：

小东大东，杼柚其空。纠纠葛屦，可以履霜。

最后一个例子表明，即使是古代士兵，他们也有抱怨：

何草不黄？何日不行？何人不将？经营四方。何草不玄？何人不矜？哀我征夫，独为匪民。

《诗经》写于公元前8世纪至前7世纪之间，人民寄情于诗，希望社会现状能得到当权者关注。我认为，把《诗经》看成中国新闻事业的开端并不为过。至少，我们从《诗经》里看到了社会剧变中人们的生存状态和强烈的反抗精神。

2 500 年的断层

中国新闻事业早在公元前8世纪就出现，但是中国人接触现代意义上的报纸却是在2 500年之后，那么我们该如何解释这两千多年的断层呢？其中一个重要原因可能就是受到刚才提到的官办刊物的影响。多个世纪以来，升官晋爵一直是激励读书人发愤图强的主要动力，而读《京报》的人中就有达官贵人、王公大臣，他们参与宫廷活动，了解国家政策和官位的升迁。《京报》和类似的地方刊物提供了充足的有关政府对知识分子的要求之类的信息，因此知识分子们没有发现自己对大众报刊的需求。但是，目不识丁的老百姓没有忽略。据说，在新闻事业成为一种组织性活动之前，在中国就已经有了口头报纸，后来在西方也出现了。做口头报纸的人要外出收集各种消息和传言，然后在茶馆里传播，虽然传言可能占了很大一部分。中国的茶馆是西方咖啡厅的先祖，在约翰逊和爱迪生时期被广为赞扬，现在依然保留着这种聚集群众和传播流言的功能，相当于印度和中东等地的集市。这些早期“记者”和“编辑”的收入来源就是听众给的“小费”。还有一些机构，如“北京会所”，就是为在华外国人提供茶馆功能服务的。一位兢兢业业的外报记者如果没有去“北京会所”收集信息，他不会认为自己已经完成了一天的工作。

我在这里要说一个公开的秘密，在会所里有时会出现一些大家都认识的被称为“海燕”的人士，他们每次出现都预示着又有重大政治事件要发生了。

据说，后来消息小贩也沿袭了这种口头新闻的形式。报贩们把收集到的消息写在一张薄薄的竹片上，然后连带竹子一起插在身后，像扬起的帆一样。装备好后，他们穿街过巷，敲响手中的小锣，以此吸引人们的注意。围观者足够多了，小贩就开始传述消息并加以解释。这些小贩的收入来源也是听众的“小费”。据说这种口头新闻方式几年前还存在于内陆一些偏远的城镇，但是我还没有找到证据来证实这些说法。

我提到了中国的民谣、消息小贩，还有英国的咖啡厅，这些都是消息和流言传播的媒介。在日本，报纸拥有无可厚非的影响力，日本报纸是世界上规模最大、资金最充足的，其发展也有相似的足迹可寻。1924 年大阪《每日新闻》（*Osaka Mainichi*）出版社出版的《日本新闻业的发展》（*The Development of Japanese Journalism*）一书中说到，旧时朗朗上口的民谣和墙壁上的涂鸦就已经发挥了当今日本报纸的作用。通过这种途径传播的消息通常都带有对当时政治趋势的尖锐批评和机智的提醒。后来出现了买读新闻（通过朗读卖新闻）、图解新闻（卖插图新闻）和叫卖新闻（通过大声宣布卖新闻），它们源于印有重大新闻并配以插图的新闻纸。最早的两张新闻纸于 1615 年和 1623 年发行。一张描述了德川军队包围了大阪城，在炮火的攻击下大阪城起火燃烧；另一张描述了大阪城城主带着他的母亲和仆人一起出逃。据说，这些新闻的作者是德川家族最伟大的领导者德川家康（Ieyasu），他在国内派发新闻纸，传播他的胜利消息，希望以此来获得封建贵族的援助，使自己能统一日本。这类新闻纸也许只能当成是不带有“新闻”定义的官方刊物。然而，这类印刷品在大阪和东京销量很好，很大程度上影响了当时的社会舆论。

新闻纸摹本

有记录表明，一种新闻纸摹本曾报道了1703年著名的浪人复仇事件。47名浪人经历了多年艰苦而英勇的斗争，最后成功地为其主君的死报了仇。根据历史记载，在事件发生的数小时后，就有印着整个事件的新闻纸在东京街道上叫卖。其他新闻纸的摹本上记录的是火灾、地震、殉情、洪灾、外国人的来访等。1853年，佩里（Perry）上将带领的美国舰队首次登上日本海岸时，一种有趣的木刻印刷品发行起来。木刻上有一幅图，图上是浦贺港里停泊的四艘大船，图解是“1853年6月3日晚，美国船队到达浦贺港，船只有450英尺长，各有13张帆和18门舰炮”。1688年到1703年期间，表达爱情的民谣广受欢迎，每段动人的故事都会被编成歌谣在街上传播。

虽然日本新闻业的发展过程很有趣，但这是题外话。这篇文章写的是中国新闻业的发展，而我提及日本的发展过程，目的只在于作个类比。在中国是否有与英国歌谣和日本的图说新闻类似的新闻纸出现，我还没有找到合适的答案。我能找到的最接近的例子就是1911年描述辛亥革命取得胜利的海报。

我希望你们喜欢我的发言。我一直担心会超时，在如此有限的时间内，我只能给你们一个概述，总结中国第一份白话文报纸诞生前中国新闻业的发展，这正是我开始这些研究后要着手调查的主题。对于哪一份才是中国第一份白话文报纸，目前还没有统一的标准说法。上述提到的《京报》的历史可以追溯到1 000年前，也许它还是世界上存在时间最长的日刊，因为它今日仍然存在。但从现在意义上说，《京报》不能称为报纸，因为它只是由文件组成的、以政府官员为对象的简单官方记录。我发现《京报》和报纸的唯一联系就在于，很大部分在华外国报纸和本土报纸的内容就是引用《京报》

的。庄延龄[1]在1903年出版的《中国：过去和现在》一文中写到了《京报》和我接下来会讲到的《申报》，他把这层联系说得很清楚：

然而，《京报》没有失去其重要性。相反，《申报》始终如一地引用《京报》全文，使《京报》拥有更大的流通量，更受欢迎。升官和贬官的消息，外国人不感兴趣，但是京城里渴望升官发财的人却会细细研读；科举考试的最新消息会第一时间通过电报传到上海，然后立刻传到赌场。赌徒会在考试结果上押大笔赌注，结果，广东、香港、澳门等地的博彩业迅速发展，一年的奖金高达百万英币。外国人会急切地查看《京报》刊登的对传教士有利的政策，因为公文已经成为挽救政府面子的工具，没有用处了。以反对某人或某事为职业的审查官，看到自己的名字和充满激情的言论出现在《京报》上会欣喜万分。多少年来，皇宫和官府都有意回避“电报”和“报纸”，在帝国的法令中加入“电报”，就像在国王的演讲中谈到“瓶装黑啤酒”和“皇家音乐厅”一样，这是一种暴行。但如今，用电报传送法令和报道已经是日常生活的一部分，土耳其斯坦一名将军几周前在纪念仪式上说，他把胜利的消息发给了《申报》，很快就会刊登出来。

作为新闻的传播者和公共思想的解说员，中国报纸一开始并不流行，19世纪后期在外国人的努力下，第一份报纸才得以在通商口岸出版。中文版的《孖剌报》和《德臣报》也许是中国现代新闻业

① 庄延龄（Edward Harper Parker，1849—1926），英国外交官。1869年至1871年期间任英国驻华公使馆翻译生。1871年至1875年期间先后在天津、大沽、汉口、九江和广州等地的领事馆任职。1895年回国后任利物浦大学中文讲师。1901年任曼彻斯特维多利亚大学中文教授。著有《中国和宗教》、《中国宗教研究》。《中国宗教研究》附有从1788年至1903年的道教研究文献目录，有较高的学术参考价值。庄延龄还在《中国评论》和《都柏林评论》等学术杂志上发表《道德经还活着》、《道教宗教》和《道教》等文章。——译注

的开端，唐纳德（W. H. Donald）先生曾经是《德臣报》的编辑。把外国新闻业传入中国的建议是已故的前驻美国公使伍廷芳博士提出的，《孖剌报》和《德臣报》都是在此基础上的首次尝试，在华南地区小范围发行。1860 年左右也有其他的白话文日报在香港发行，但由于香港从 1841 年开始成为英国殖民地，所以这些报纸很少被视为本土报刊。

第一份现代中文报纸

据获得的相对可靠的信息称，1870 年第一张现代中文报纸《上海新报》在中国本土出版，以单面新闻纸的形式出现，普通杂志大小。[①] 这份报纸没有维持多久，它的创办和失败都没留下可追溯的事实和印象。很明显，中国其他几家短命的日报也是在那时创办，并且都没有成功。中国最早的并且能够持续经营和取得成功的日报是《申报》，这份报纸在 1872 年 4 月 30 日首次发行。这里，对这份报纸的创办进行一个简短的说明是有必要的，我会在下文予以总结。

回忆起来很有趣，《申报》首次亮相时，是英国美查兄弟公司（Messrs. Major Brothers）所拥有和管理。在这一点上，我请求大家允许我有一点点的自满。1922 年，密苏里大学新闻学院的助理教授柏德逊（Don D. Patterson）[②] 先生出版了一本富有启发性的专著——《中国新闻简史》（*The Journalism of China*），在撰写这篇文章的过程中我大量地参考了他的著作。在讨论《申报》的创办时，柏德逊教授评论道："报纸与美查兄弟之间的准确关系是无法考证的。"他进

① 《上海新报》创刊时间应为 1861 年 11 月 19 日，北华捷报馆创办，字林洋行发行，是上海也是中国新闻史上第一张中文报纸。其创刊伊始，即为瑞典白报纸双面印刷的现代报纸样式，也不是文中所说的单面印刷。——译注

② 柏德逊（Don D. Patterson），美国人，毕业于密苏里大学新闻学院。曾担任上海英文报《密勒氏评论报》主笔；1920 年 9 月，帮助中国创办上海圣约翰大学新闻系，受聘担任系主任。柏德逊著有《中国新闻简史》（*The Journalism of China*）等。——译注

而暗示："也许他们的参与是为了这份出版物可以得到英国政府的保护或者能够在上海的英国租界得到庇护。这份报纸当时是属于中国人的，并完全在中国人的管理下一直持续到今天。"

柏德逊教授这个十分有价值的研究一直缺乏坚实的资料支撑。几年前，《申报》为庆祝创刊五十周年曾出版过一个著名的纪念特刊，其中就有柏德逊教授所需要的资料。在一位中国同事、路透社北平分社首席记者冯泽坤的帮助下，1925 年冬季的大部分夜晚我用来翻译这份特刊，而我的辛劳付出也得到了丰厚的回报。一些《申报》的老员工纷纷撰文回忆他们经历的报纸初创时期的情况，其中很多人都已经从岗位上退下来。通过他们的回忆文字，确定《申报》初创时的准确情况就成为可能。

江苏药水厂与《申报》

美查兄弟好像在上海经营了一家药水厂，我想它应该叫江苏药水厂。与此同时，美查兄弟还经营了一家印刷机构，这使他们意识到，也许可以创办一份华文报纸。在他们的资助下，《申报》在上海英国租界汉口路的办公室里出版了。第一期《申报》使用一张中国土纸，单面印刷，分为八个版面，每版9.5 ×9.5 英寸大。该期创刊号至今保存在上海申报馆中。柏德逊教授的原著对创刊号《本馆告白》内容作了翻译，内容如下：

《本馆告白》

今天下可传之事甚多矣，而湮没不彰者比比皆是。其故何欤？盖无好事者为之纪载，遂使奇闻逸事阒然无称，殊可叹惜也。溯自古今以来，史记百家载籍极博，山经地志纪述綦详。然所载皆前代之遗闻，已往之故事，且篇幅浩繁，文辞高古，非縉绅先生不能有也，非文人士子不能观也。至于稗官小说，代有传书，若张华志博物，干宝记搜神，齐谐为志怪之书，虞初为文章之选。凡兹诸类，均可流观，维其事或荒诞无稽，其文皆典赡有则，是仅能助儒者之清谈，未必为雅俗所共赏。求其纪述当今时事，文则质而不俚，事则简而能详，上而士子大夫，下及农工商贾，皆能通晓者，则莫如新闻纸之善矣。新闻纸之制，创自西人，传于中土。向见香港唐字新闻体例甚善，今仿其意，设申报于上洋。凡国家之政治，风俗之变迁，中外交涉之要务，商贾贸易之利弊，与夫一切可惊可愕可喜之事，足以新人听闻者，靡不毕载，务求其真实无妄，使观者明白易晓。

《本馆条例》

——本新报议价，于上海各店零卖，每张取钱八文。各远处发卖，每张取钱十文。本馆趸售，每张取钱六文。

——如有骚人韵士，有愿以短什长篇惠教者，如天下各名区竹枝词及长歌纪事之类，概不取值。

——如有名言谠论，实有系乎国计民生地利水源之类者，上关皇朝经济之需，下知小民稼穑之苦，附登斯报，概不取酬。

《申报》内容起初包括皇帝谕旨和官员任命信息，摘录自宫门抄和辕门抄。这些主要是服务于官员的信息，但也有关于本地犯罪、灾难和封建迷信活动的新闻。一位作家指出，这些内容大受坊间欢迎，它们可作为人们茶余饭后的谈资。《申报》也刊登诗歌，为外部供稿，主要是抒情和赞美著名景色的内容。但这种做法很快就停止了，因为诗人版块渐渐占据了报纸的其他空间。一位《申报》五十周年纪念版的投稿者评论道："普通读者觉得很厌倦。"在地方新闻中，《申报》还刊登市场价格表、海事情报和剧场预告，所有信息都以广告的形式发布。

比赛报道

《申报》例行报道外国侨民每年在春秋两季举办的田径比赛，到了春闱和秋闱时节也会拿出大量篇幅报道科举考试的结果。当江苏和浙江放榜后，报馆员工一般会被召来连夜解码公布中举考生名单的电报。此时，报纸销量会比平常多出大约三分之一。平时，编辑人员每周都会轮流写一篇社论，从下午一直工作至傍晚，然后下班各自寻乐。然而，申报馆历来有一个不成文的规矩，即如果有火灾发生，无论他们正在做什么，即使是在睡梦中，也要马上奔赴报馆，赶出号外出版。

由于《申报》在北平和各省的政府机关里都有位居要津的线人，因此时常能获知一些电报的内容。让政府大员们头疼的是，《申报》偶尔还能获取并披露外交部的秘密文件。这些线人通讯员为报馆提供来自政府重要部门的有报道价值的消息，此外报馆还雇有专门的译员，翻译日本和欧洲报纸上有关中国的新闻。

一位《申报》馆老报人在报纸创刊五十周年纪念特刊上撰文写道："回念当日初至申报馆之状况，又为之哑然失笑。申报房屋本甚敝旧，惟西人办公处，尚轩爽洁净。若吾辈起居办事之室，方广不逾寻丈，光线甚暗。而寝处伏食便溺等，悉在其中。冬则寒风砭骨，夏则炽热如炉。最难堪者，臭虫生殖之繁，到处蠕蠕，大堪惊异。往往终夜被扰，不能睡眠。馆中例不供膳，每日三餐，或就食小饭肆，或命仆人购食于市肆，携回房中食之。所谓仆人者，实即馆中司关而兼充主笔房同人差遣奔走，并非专司其事之馆役也。薪水按西历发给，至丰者，月不过银币四十元，余则依次递降，最低之数只有十余元。而饭食茗点茶水洗衣薙发与夫笔墨等，无不取给于中，生涯之落寞，盖无有甚于此者。”①

本地的商人和官府对早期《申报》的看法迥然不同。前者对《申报》的出版莫名兴奋，而后者则几乎令人难以置信地对其大动肝火。在世界其他地方看来再稀松平常不过的对官员的公开批评让他们无法忍受，很多人都欲除之而后快。然而，他们都无计可施，因为《申报》是外国人创办的，只要它不违反英国的法律，那就拿它没有办法。官吏们感到很愤怒，道台咒骂《申报》，总督甚至为此上书朝廷。但是北平传回了出人意料的回答：“查封《申报》？万万不可！我们比过往更了解上海的动态。《申报》十分有用。随它去吧。”

最初，申报完全以赢利为目的，很长时间它都仅仅被看成是西方人经营的商业的一部分，与中国社会没有任何关系。这份已经取得商业上的成功和逐渐显露出政治利器价值的报纸，是如何转到中国人手上，如何在雨后春笋般出现的报纸竞争中胜出，这些故事必须留给更有能力的叙述者去讲述。可以说，中国新闻史与中国政治自由奋斗史是密不可分的。而认为这个奋斗史已经取得成功，也许为时过早。

参考文献：

1. *Chinese Repository*. 1833.

2. Colquoun，A. R. . *China In Transformation*. 1898.

3. Dibblee，G. Binney. *The Newspaper*.

4. *Encyclopaedia Britannicar*.

5. *Encyclopaedia Sinica*.

6. *Golden Jubilee Number of Shanghai Shun Pao*. 1924.

7. Hanazono，Kanesada. *The Development of Japanese Journalism*. 1924.

① 雷瑨：《申报馆之过去状况》，《最近之五十年》，申报馆，1922 年。

8. Lanning, George. *Old Forces in New China*. 1912.

9. *Encyclopaedia Sinica*.

10. Park, E. H. . *China: Past and Present*. 1903.

11. Patterson, Don D. . *The Journalism of China*. 1922.

12. Shih, Hu. *The Development of the Logical Method in Ancient China*. 1922.

13. Min-ch'ien Tuk Zung Tyau. *China Awakened*. 1922.

14. Warren, Low. Journalism. 1922.

15. Williams, J. B. . *A History of English Journalism to the Foundation of the Gazette*. 1908.

16. Samuel Wells Williams. *The Middle Kingdom*. 1907.

附录三：汪英宾年表

汪英宾（1897—1971），字震西，别名省齐。安徽婺源（今属江西省）人。中国著名书画家、新闻学者、社会活动家。著有《中国本土报刊的兴起》（英文）、《美国新闻事业》、《中国报业之觉悟》，创作《菊花》（轴）、《墨松》（立轴，水墨纸本）等画作。

1914—1917 年（民国三年到六年），在上海青年会中学、中华青年会附属中学读书，与友人朱应鹏创办晨光画会，拜一代国画大师吴昌硕先生为师，学习国画；主编《晨光杂志》。

1916 年（民国五年），汪英宾自辑刻印而成《省齐印存》，首页有自书“省齐印存”篆书题耑。

1917—1920 年（民国六年到九年），在上海圣约翰大学政治学系读书，获文学学士学位。

1920 年（民国九年）9 月起，在申报馆担任协理。

1921 年（民国十年），参与创办“晨光美术会”。

1922—1924 年（民国十一年到十三年），由《申报》派往美国密苏里大学新闻学院、哥伦比亚大学新闻学院进修学习，获硕士学位。所写硕士学位论文《中国本土报刊的兴起》（*The Rise of the Native Press in China*）于 1924 年 5 月在纽约出版，被誉为中国新闻学史的开山之作。

1924 年（民国十三年）10 月，回国。任职申报馆。

1924 年（民国十三年）秋末冬初，与戈公振创办上海南方大学报学系与报学专修科，任系主任。

1925—1929年（民国十四年到十八年），兼任光华大学、沪江大学商学院报学系教授；一度为上海联合广告公司董事。

1928年（民国十七年）美国密苏里大学新闻学院建院20周年纪念日，汪英宾书写篆体“舆论师资”四个大字，并制成一块横匾，海运送往母校。

1932—1935年（民国二十一年到二十四年），先后担任《时事新报》编辑主任、总经理。

1935年至整个抗日战争时期，在大西南搞运输工作，任军委会西南运输处重庆分处处长、筹办滇缅铁路的驻缅办事处处长等职。

1936年6月（民国二十五年），美国密苏里大学新闻学院同学会上海分会成立，汪英宾当选为会长。

1947年7月（民国三十六年），任上海《大公报》设计委员会副主任等职。

1950年初，任圣约翰大学新闻系教授。

1952年9月，全国院系调整时，调入复旦人学新闻系任教。

1959年7月，远放新疆八一农学院教英语。

1966年“文革”开始，汪英宾被诬蔑为“美国特务”和“现行反革命分子”，受尽批斗、迫害，后被撵出学校，发配放牧。

1971年，在新疆库尔勒去世。

1979年，政府对汪英宾予以平反。

附录四：国内外华字日报一览表①

常常有许多人——登广告的商人、喜欢宣传的个人或机关和对于新闻事业有兴味的人——问我以全国报纸的数目和性质。这种问题，看起来似乎很容易，但是因为关于这方面的统计没有，就难于答复。近几年来，国人渐渐觉得言论机关的重要，又因印刷事业的推广，所以通都大邑至少总有一二种报纸，应时势的需要而发生。至于学校的出版物——日刊，两日刊，半周刊，周刊，旬刊，半月刊，月刊——更是风起云涌，不可计算，将来一天一天发达起来，更不知达到如何盛况。现在为节省篇幅起见，只将我所见闻的，且以载政治和社会新闻为主体的日报，列成一个简单的表，做一个报纸统计的先声。虽不敢说是定全无缺，但是重要的都在其内了。各国人在中国，为扩张势力宣传主张起见，除了通信社以外，也有用中国字发行的日报。我只加上（某国资本）字样，使读者易于辩论。至于我国人用蒙文、藏文、英文、法文、马来文和葡萄牙文所印的报纸也不少，不过本表既以华字为限，只得付之缺如了。

名称	地址	创立
上海（人口约六十八万）		
申报	汉口路二四号	民国前三九年

① 摘自戈公振编：《新闻学撮要》，上海新闻记者联欢会印行，第 42 ~ 113 页。——译注

总理史量才	总编辑陈冷	营业部长张竹平　五张
新闻报（中美合资）	汉口路一九号	民国前一一年
总理汪汉溪	协理汪伯奇	总编辑李伯虞　五张
时报	福州路三〇号	民国前七年
总理狄楚青	总编辑陈景寒	营业部长沈能毅　四张
神州日报	山东路一六一号	民国前五年
总理余谷民	总编辑吴瑞书	三张
时事新报	山东路一六二号	民国前六年
总理黄溯初	总编辑张东荪	四张
中华新报	山东路一六七号	民国三年
总理殷铸夫	总编辑张季鸾	三张
沪报	北山西路德安里	民国三年
总理兼总编辑郁慕侠		一张
民国日报	山东路一六三号	民国四年
总理邵仲辉	总编辑叶楚伧	四张
新申报	山东路一五九号	民国六年
总理许建屏	总编辑孙东吴	四张
新指南报	福州路太和坊	民国六年
总理郑端甫	总编辑周侠侯	二张
商报	福州路	民国六年
总理李徵五	总编辑陈布雷	四张
中国晚报	南京路二三八号	民国十年
总理兼总编辑沈卓吾		二张

苏州（人口约五十万）

苏州日报	都亭桥	民国元年
总理石炼	总编辑仇昆厂	一张
苏醒报	都中市	民国四年
总理陈寿霖	总编辑谷炎	一张

市乡公报	宫巷	民国五年
总理颜希鲁	总编辑颜忍公	一张
吴语报	高师巷	民国五年
总理马飞黄	总编辑胡秀龙	一小张
平江日报	东中市	民国八年
总理梅雨时	总编辑梅晴初	一张
吴声报	都亭桥	民国八年
总理陆蕴玮	总编辑洪野航	一小张
苏州商报	桂和坊	民国八年
总理兼总编辑方益孙		一张
晨报	宋仙洲巷	民国九年
总理兼总编辑汪孟渊		一小张
民苏报	阊门外	民国九年
总理李惕安	总编辑蒋戢菴	一张
独一报	白塔子巷	民国十一年
总理张一澧	总编辑张一厂	一小张
益苏报	阊门外	民国十二年
总理冯心支	总编辑庞独笑	一张
中报	东中市	民国十二年
总理兼总编辑宋兆元		一小张
明报	桃花坞	民国十三年
总理张叔良	总编辑洪笑鸿	一张

无锡（人口约二十万）

新无锡报	书院弄	民国二年
总理兼总编辑杨少云		一张
锡报	书院弄	民国五年
总理蒋哲卿	总编辑秦平甫	一张
无锡新报	仓桥街	民国十一年

总理兼总编辑李伯森		一张
苏民报	公园路	民国十二年
总理许博明	总编辑包笑天	二张
市乡日报	仓桥街	民国十三年
总理丁辅臣	总编辑周静啸	一张

常州（人口约二十万）

正谊	老城隍庙	民国七年
总理许权	总编辑吕雪芬	一张
新武进报	第一公园	民国九年
总理汪湛	总编辑董剑庵	一张
商报	磨盘街	民国九年
总理刘尧勤	总编辑郭文轨	一张

镇江（人口约十九万）

自强报	西坞街口	民国八年
总理兼总编辑张定一		二小张
三山品报	东坞街	民国十二年
总理兼总编辑童仁甫		二小张

南通（人口约十五万）

通海新报	寺街	民国二年
总理陈葆初	总编辑刘伯璞	一张
南通报	寺街	民国九年
总理费范九	总编辑张孝若	一张
南通新闻	保家巷	民国十年
总理王风楼	总编辑陈吉人	一小张

扬州（人口约十万）

民声报	南河下	民国元年
总理徐公时	总编辑李石钧	二张
扬州日报	图书馆桥	民国二年

总理张少齐	总编辑卢天痴	一张半
淮阳日报	教场街	民国五年
总理陈臣朔	总编辑孔小山	一张半
江北商务报	南柳巷	民国五年
总理王汉辅	总编辑厉月锄	一张半
自治日报	新胜街	民国八年
总理夏小岑	总编辑茅愚公	一张半
新阳报	灯草行街	民国八年
总理姚雨亭	总编辑姚志仁	一张半
启新日报	北柳巷	民国九年
总理李荫棠	总编辑卢指闻	一张半
江淮新报	东圈门	民国十一年
总理张芷青	总编辑黄星岩	一张半
广陵报	薛家巷	民国十一年
总理谢泽青	总编辑周筠生	一张半
大江北报	公园门前	民国十二年
总理朱达哉	总编辑叶德尊	一张半

南京（人口约四十万）

新中华报	大夫第	民国二年
总理王纬文	总编辑于敦甫	一张半
大江南日报	羊皮巷	民国三年
总理王润身	总编辑瘦影	二张
南方日报	石板桥	民国四年
总理王春生	总编辑刘一厂	二张
大中华报	金陵闸	民国五年
总理陈明晖	总编辑闵德礼	一张
立言报	东关头	民国六年
总理兼总编辑吴新民		一张

新政闻报	石埧街	民国六年
总理力灏	总编辑谢剑秋	一张
社报	东牌楼	民国七年
总理王家福	总编辑徐海岚	一张
宁报	西文场街	民国八年
总理达剑峯	总编辑吴农乡	一张
江苏日报	小门口	民国八年
总理兼总编辑庄玉书		一张
谏鼓报	针巷	民国十一年
总理兼总编辑曹道福		一张
江东日报	千佛菴	民国十二年
总理滕梦缘	总编辑王伯尧	一张

徐州

徐州日报	察院街	民国九年
总理兰鹤卿	总编辑郭剑农	一张

江阴

江新	西大街	民国十年
		一张
商报	照壁后	民国十三年
总理张仲麟		一张

常热

常热报	察院街	民国九年
总理兰鹤卿	总编辑郭剑农	一张

高邮

新高邮日报	中市北街	民国十年
		一张

杭州（人口约五十九万五千）

全浙公报	保佑坊	民国前三年

总理徐伟人	总编辑程光甫	三张
之江日报	保佑坊	民国二年
总理陈让萌	总编辑严伯华	三张
浙江民报	羊坝头	民国五年
总理李乾孙	总编辑祝静园	二张
杭州报	太平坊	民国十年
总理许行彬	总编辑刘大白	二张
新浙江报	三元坊	民国十一年
总理查仲坚	总编辑朱采真	六张
浙江日报	官巷口	民国十二年
总理胡芷香	总编辑童一心	二张
浙报	羊血街	民国十三年
总理许文甫	总编辑戴敦勋	二张
宁波		
四明日报	江北岸	民国前二年
总理兼总编辑张申之	营业部长张伯器	三张
时事公报	同兴街	民国九年
总理金臻祥	总编辑鸟一婕	三张
宁波公报	江北岸	民国十三年
总理司徒克秋		三张
绍兴（人口约三十万）		
越铎报	大路	民国元年
总理孙秉彝	总编辑陈湘魂	二张
越州报	火珠巷	民国八年
总理孙仲卿	总编辑翁天寥	二张
温州（人口约十万）		
新欧潮	府前街	民国十年
		二张

安庆（人口约十万）

民岩报	府前街	民国元年
总理兼总编辑吴霭航		二张
社刊	县门口	民国九年
总理兼总编辑胡祝如		一张
新皖铎报	纯阳道院街	民国十一年
总理孙小初	张曜宣	二张
自治报	旧藩署	民国十一年
总理徐自蕉	总编辑王斗南	一张
商报	洪家巷	民国十二年
总理潘惠齐	总编辑苏绍泉	二张

合肥

合肥自治报	旧藩署	民国十二年
		一张
新合肥报	城内	民国十三年
		一张

燕湖（人口约六十五万）

皖江日报	大马路	民国前二年
总理兼总编辑谭明卿		二张
工商报	徒门巷	民国四年
总理张九泉	总编辑汪履丞	二张

南昌（人口约六十五万）

新民报	百花洲	民国前一年
总理姜岂凡	总编辑俞小虎	二张
章贡潮		民国三年
总理兼总编辑杨绳武		二张
正义报		民国四年
总理涂聘侯	总编辑舒味三	二张

中庸报		民国四年
总理兼总编辑熊育华		二张
新世界		民国五年
总理兼总编辑曹公度		二张
和平报	百花洲	民国十年
总理邓德全	总编辑桂梦孙	二张

九江

江声日报	张官巷义和里	民国九年
总理饶	总编辑饶森	二张

汉口（人口约六十万）

中西报	张美之巷	民国前三年
总理李华堂		三张
大汉报	日租界	民国前一年
总理胡石菴		三张
国民新报	笃安里	民国元年
总理李华堂		三张
新闻报	致祥里	民国二年
总理王云渊		三张
汉口晚报	张美之巷	民国七年
总理王华轩		一张
正义报	周家巷	民国八年
总理马宙伯		三张
大陆报	生成里	民国九年
总理王之伶		三张
武汉商报	慎源里	民国九年
总理王春先		三张
公论日报	方正里	民国十年
总理王明甫		三张

江声报	牛皮公所巷	民国十一年
总理欧阳惠周		三张
民德报	生成里	民国十一年
总理王戚		六张
汉江日报	小董家巷	民国十一年
总理邓隐公		二张
捷报	桃源坊	民国十一年
总理李冰痕		一张
时事白话报	洪春里	民国十一年
总理马逐尘		一小张
通报	与业里	民国十二年
总理熊缉武		三张
黄报	桃源坊	民国十二年
总理陈定川		二张
午报	生成里	民国十二年
总理童宝秋		一张
觉报	厚德里	民国十二年
总理程稺英		一张
晨报	桃源坊	民国十二年
总理陈企佛		一张
新民国日报	南洋里	民国十二年
总理胡经武		三张
时事新报	笃安里	民国十二年
总理黄伯纯		一张
汉口时报	日租界	民国十二年
总理祝润卿		一张
鄂报	清芬二马路	民国十二年
总理李锦公		一张

工商白话报	小董家巷	民国十二年
总理邓倬云		一小张
鹤报	通业里	民国十二年
总理哈竹书		一张
国民白话报	笃安里	民国十二年
总理李安之		一小张
大江晚报	宁安里	民国十二年
总理陈道真		一张
一报	清芬二马路	民国十二年
总理胡世雄		一张
民治白话报	清芬路	民国十三年
总理张鹏飞		一小张
新白话报	汉墀里	民国十三年
总理喻相明		一小张

武汉

大江新报	龙神庙	民国十二年
		一张
武汉晚报	大朝街	民国十二年
总理李振斋		一张
人权报	抚院街	民国十三年
总理严敬群		一张

宜昌

宜昌日报		民国十三年
总理李观群		一小张

（注）鄂省报纸向无总编辑名称

成都（人口约五十万）

川报	总府街	民国元年
总理宋又厂	总编辑蒋孟长	二张

民国公报	总府街	民国元年
总理李澄波	总编辑谢禄均	二张
民视日报	悦来商场	民国十年
总理丁少斋	总编辑何斗光	二张
四川日报	悦来商场	民国十三年
总理周敌凉	总编辑杨即武	二张
西陲日报	提督街	民国十三年
总理李汉三	总编辑濮子谦	二张
市政公报	中城公园	民国十三年
	总编辑曾匏庵	二张

泸州

新川南	白塔街	民国十二年

重庆（人口约五十二万）

商务日报	商业场	民国三年
		三张半
新蜀报	商业场	民国七年
		一张半
民苏日报	县庙街	民国九年
		二张
四川日报	米亭子	民国十三年
		二张
江州日报	顺城街五二号	民国十三年
总理须仲猷	总编辑陈京卿	二张

北京（人口约一百万）

北京日报	钟声胡同	民国前七年
总理兼总编辑朱淇		二张
顺天时报（日资）	化石桥	民国前七年

总理渡边哲信	总编辑松本	二张
京津时报	丞相胡同	民国前一年
总理汪简齐	总编辑黄愚山	一张
群强报	樱桃斜街	民国二年
总理兼总编辑陆泽		一小张
商业日报	方壶齐三号	民国二年
总理李幼亭	总编辑王冷公	一小张
日知报	西草场胡同	民国三年
总理王博谦	总编辑徐世一	一张
益世报	新华街	民国四年
总理杜竹轩	总编辑潘蕴巢	二张
新兴中报	贾家胡同	民国四年
总理兼总编辑袁朴		
国强报	延寿寺街	民国五年
总理兼总编辑时铁菴		一小张
新中国报	香炉营一号	民国五年
总理兼总编辑王军原		
中央日报	镇江胡同	民国五年
总理黄雄基	总编辑刘心齐	
公谕新报	蔴线胡同二号	民国六年
总理兼总编辑傅筱山		一张
北京报	大安澜营	民国六年
总理伍璞生	总编辑曹旧延	二张
经世报	化石桥	民国六年
总理兼总编辑袁德宣		
实事白话报	铁老鹳庙廿七号	民国六年
总理戴徵	总编辑何卓然	一小张
晨报	丞相胡同四号	民国七年

总理戴朗知	总编辑刘访园	二张半
都报	储库营十七号	民国七年
总理兼总编辑都天民		一张
定一日报	前内花园大院	民国七年
总理邱醒旦	总编辑林述康	
又新日报	李铁拐斜街	民国七年
总理萧铭銮	总编辑顾名	
民国公报	永光寺西街	民国七年
总理兼总编辑罗怡菴		
北京白话报	大安澜营	民国八年
总理兼总编辑任振亚		一小张
北京晚报	南池子尤龙桥	民国八年
总理方梦超	总编辑詹辱生	一小张
小公报	铁老鹳庙廿七号	民国八年
总理兼总编辑戴瑞徵		一小张
京报	小沙土园	民国九年
总理邵飘萍	总编辑徐彬彬	二张
新华日报	香炉营头条十八号	民国九年
总理兼总编辑潘超然		一张
大义报	六部口	民国九年
总理宗廷瑞	总编辑白星坚	
社会日报		民国十年
总理张日新	总编辑林白水	一张
京华日报	镇江胡同	民国十年
总理兼总编辑欧丽波		
评论报	六部口	民国十年
总理兼总编辑陈纪扬		
铁路时报	椿树上三条	民国十年

总理兼总编辑李登呼		
国民新闻	魏染胡同六号	民国十一年
总理马彦冲	总编辑于秋墨	二张
二十世纪新闻	西草厂七二号	民国十一年
总理兼总编辑张蜀从		一张
正议日报	西草厂七二号	民国十一年
总理兼总编辑何重勇		二张
星报	李铁拐斜街七四号	民国十一年
总理兼总编辑雷寿培		一张
黄报	宣外大街	民国十一年
总理卢霖初	总编辑薛子奇	一张
燕都报	砖塔胡同七一号	民国十一年
总理唐冷光	总编辑李仲悌	一小张
平报	南柳蕃五八号	民国十一年
总理兼总编辑李少平		一小张
五点钟	新华街	民国十二年
总理兼总编辑郑知非		一小张
大晚报	钱粮胡同北花园一号	民国十二年
总理王解生	总编辑蒋星坚	一小张
东方时报（英资）	东单二条胡同二八号	民国十二年
总理兼总编辑辛博森		四张
大陆晚报	大外廊营	民国十二年
总理兼总编辑张汉峰		一小张
时中日报	椿树下三条五号	民国十二年
总理金百炎	总编辑黄兰生	一张
舆论	总编辑侯疑始	一张
中报	烂熳胡同七十号	民国十二年
总理兼总编辑林质生		一张

黎明报	延旺庙街五八号	民国十二年
总理兼总编辑赵叔敬		
京报日报	潘家河沿	民国十二年
总理兼总编辑董耀青		二张
卍日日新闻	抢饭寺胡同十七号	民国十二年
总理兼总编辑孔慧航		一张半
京津民报	西草厂胡同二五号	民国十二年
总理赵培元	总编辑金懒云	二张
中国新闻	前红井十二号	民国十二年
总理五文正	总编辑王筱五	一张
民声	前青厂二七号	民国十二年
总理兼总编辑周者安		一张
东亚报	赶骡市十八号	民国十二年
总理兼总编辑谭云从		一张
京兆时报	石驸马大街	民国十二年
总理兼总编辑恒诗峰		
大中国报	椿树上三条	民国十二年
总理兼总编辑郑乃诚		
大北日报	西河沿一四六号	民国十二年
总理戴朗如	总编辑凌希超	二小张
中华报	化石桥五号	民国十三年
总理米迪刚	总编辑高聘升	二张
东方晚报	后坑胡同二十号	民国十三年
总理吴仪贤	总编辑李德门	一小张
新华晚报	北新华街廿七号	民国十三年
总理兼总编辑姚敬公		一小张
民生日刊	太平湖	民国十三年
总理李营舟	总编辑王云公	二小张

复报	南河沿十二号	民国十三年
总理兼总编辑林复		一张
平民新报	石驸马大街	民国十三年
总理黄富田	总编辑廖匏尊	一张半
世界晚报	手帕胡同三十一号	民国十三年
总理成舍我	总编辑张恨水	一小张
大早晚	茶儿胡同十四号	民国十三年
总理马半痴	总编辑夏铁汉	二张
北京新报	虎坊桥	民国十三年
总理兼总编辑胡祖舜		一张
女子日日新闻	宣外赶驴市	民国十三年
总理马半痴	总编辑夏铁汉	二张
甲子报	南新华街吉祥头条	民国十三年
总理胡海门	总编辑黄自芳	二张
宪政日报	宣内头发胡同	民国十三年
总理贺赞元	总编辑毛壮侯	一张
少年日报	粉坊琉璃街	民国十三年
总理兼总编辑张铭慈		一小张
华报	北新华街火沟沿	民国十三年
总理卓博公	总编辑陆少游	一张
经济日刊	前外甘井胡同	民国十三年
总理兼总编辑陈香元		一张
大亚洲日报	前外甘井胡同	民国十三年
总理潘定公	总编辑朱劫尘	一张
维纳丝报	西河沿路南	民国十三年
总理兼总编辑张谬子		一小张
北京时事报	粉房琉璃厂	民国十三年
总理王仲三	总编辑王燕尘	一张

道德公言报	麻线胡同	民国十三年
总理刘玉全	总编辑明金鉴	一张
京兆晨报	臧家桥	民国十三年
国际日报	宫门口一号	民国十三年
总理邓洁民	总编辑王解生	
北京晚报	化石桥中街	
总理兼总编辑刘梦朴		一张
华通日报	镇江胡同	
总理兼总编辑马澄		一张
北京新报	清家河沿	
总理兼总编辑刘家源		一张
中央简报	南官园	
总理兼总编辑张学涛		一张

天津（人口约八十万）

日日新闻	旭街	民国前十一年
总理方乐雨	总编辑郭心培	三张
大公报	旭街	民国前十年
总理翁克齐	总编辑朱去非	二张
时闻报	建物大街	民国前七年
总理李大义	总编辑郭究竟	三张
白话晚报	广兴大街	民国元年
总理刘铁庵	总编辑董笔侠	一张
白话晨报	广兴大街	民国五年
总理刘铁庵	总编辑董笔侠	一张
白话午报	广兴大街	民国五年
总理刘铁庵	总编辑董笔侠	一张
益世报	洋货街	民国五年
总理刘俊卿	总编辑樊子培	四张

泰晤士报	巴黎路	民国七年
总理熊少豪	总编辑李仲莲	三张
河北报	广兴大街	民国九年
总理许润民	总编辑何懒云	三张
中华商报	荣棠大街	民国九年
总理萧涵波	总编辑韩小臣	五张
新民意报	东兴大街	民国十年
总理刘铁庵	总编辑马千里	三张
华北新闻	东马路	民国十年
总理周拂尘	总编辑张皋如	四张
啟明报	南马路	民国十年
总理兼总编辑尹小隐		三张
天津时报	平安大街	民国十二年
总理刘澄菴	总编辑朱晓芙	三张

绥远

西北实业报		
总理孙雅沈	总编辑郑士纷	

济南（人口约十万）

简报	后宰门	民国前八年
总理兼总编辑吴继鲁		一小张
大东日报	后宰门	民国元年
总理郭煦初	总编辑邢洪九	二张半
齐美报	后宰门	民国五年
总理鲁歧山	总编辑钱润生	一小张半
济南日报	二马路	民国六年
总理立石登	总编辑董小齐	一张半
商务日报	富官街	民国六年
总理吴瑞洪	总编辑张伯衡	一张

通俗白话报	小布政司街	民国六年
总理罗亚民	总编辑张景云	一小张
大民主报	纬五路公祥街	民国八年
总理周朗山	总编辑董郁青	两张半
山东法报	魏家庄	民国八年
总理张星五	总编辑赵甫堂	一张
益智报	高都司巷	民国九年
总理赫云生	总编辑田泮生	一张
山东时报	院后	民国十年
总理谭馨亭	总编辑庄仲舒	一张
平民日报	纬一路	民国十一年
总理王贡忱	总编辑吴拳璞	三张
鲁春秋报	三马路	民国十三年
总理孙寄云	总编辑刘子刚	一张
山左日报	普利门内	民国十二年
总理朱名焯	总编辑赫芸衫	一张
山东新报	姑娘庙街	民国十二年
总理王鸾之	总编辑王笑三	一小张
山东晚报	镇署前	民国十二年
总理兼总辑吕仰之		一小张
晨钟报	麟祥门内	民国十二年
总理李荣孚	总编辑王祥千	一小张
海右新闻	金菊巷	民国十二年
	总编辑王少韩	一张
山东民报	富官街	民国十二年
总理周进修	总编辑薛诲卿	一张
济报	后宰门	民国十三年
总理虑景芳	总编辑张子培	一张

实业新闻	魏家庄	民国十三年
总理宋传典	总编辑隋耀西	一张
大统一报	皇庭门口	民国十二年
总理方味幸	总编辑胡锡畴	一张
鲁报	二马路	民国十三年
总理周福歧	总编辑姚咸之	一张
青岛（人口约七万五千）		
大青岛报（日资）	由东路	民国四年
总理满正秋	总编辑邓洗元	二张
中国青岛报	保定路	民国九年
总理尹小农	总编辑胡寄韬	二张
胶东新报（日资）	由东路	民国十一年
总理中岛勇一	总编辑张海鳌	一张半
胶澳日报（日资）	直隶路	民国十一年
总理郑吟谢	总编辑姜黎川	一张半
青岛晨报	保定路	民国十二年
总理中牟子明	总编辑胡寄韬	一张半
东海日报	胶州路	民国十三年
总理兼总编辑徐圣甫		一张
烟台（人口约二十五万）		
芝罘日报	东马路	民国前一年
总理王宗儒	总编辑颜竹轩	二张
钟声报	轿子街	民国二年
总理丁训初	总编辑林竹园	三张
芝罘商报	安仁街	民国五年
总理李循芳	总编辑王端友	二张
胶东报	轿子街	民国六年
总理郑候东	总编辑郑千里	二张

爱国报	塘子街	民国九年
总理褚宗周	总编辑仲绍文	二张半
大民报	同乐街	民国十年
总理张宗濂	编辑张寿合	二张
新报	刘公祠街	民国十一年
总理娄子周	总编辑娄萝公	二张
龙口		
龙海胶东报	大街	民国十三年
总理郑千里	总编辑郑髯翁	二张
太原（人口约十万）		
晋阳日报	新南门	民国前七年
总理梁硕光	总编辑李丹庭	一张半
山西公报	桥头街	民国元年
总理王震安	总编辑刘谓臣	一册
醒世画报	总编辑虎营	民国四年
总理王枫停	总编辑王海珠	一张
并州新报	小海子	民国四年
总理李日升	总编辑郭千甫	一张
唐风报	宁化府	民国六年
总理李璧庭	总编辑杨廉甫	一张
山西日报	新民街	民国七年
总理王震安	总编辑曾望生	一张
晋商日报	王拐巷	民国十二年
总理张六房	总编辑李子郁	一张
新民报	新民街	民国十二年
总理范达才	总编辑姚揖让	一张
山右觉世报	达达巷	民国十三年
总理梁万齐	总编辑褚成富	一张

大同

关北日报	西街	民国十三年
总理贾荣	总编辑蒋景汾	一张

西安（人口约十万）

新秦报	东大街	民国十年
总理俞嗣如	总编辑顾献庭	二张
陕西报	北街	民国十年
总理兼总编辑宁益轩		一张
民生报	四府街	民国十一年
总理兼总编辑杨洁臣		一张
大西北报	四府街	民国十二年
总理王小康	总编辑蔡洁臣	一张
建西报	竹笆市	民国十二年
总理康纪仁	总编辑刘肖唐	一张
平报	五岳庙街	民国十二年
总理兼总编辑方韵樵		一张

汉中

民治	城内	民国十三年
总理兼总编辑陆徵祥		一张

开封（人口约三十万）

新中州报	行宫前街	民国五年
总理孙剑泉	总编辑马和庆	一张半
两河新闻	旗纛街	民国六年
总理兼总编辑包荫棫		一张
大中国报	行宫门	民国十一年
总理王树清	总编辑石瑞生	一张

郑州

豫报	花园街	民国十三年

总理金嵩涛	总编辑张次双	一张

广州（人口约二百万）

羊城报	第七甫	民国前十二年
总理兼总编辑罗啸翱		二张
七十二行报	第七甫	民国前九年
总理兼总编辑钟勉		三张
南越报	第八甫	民国前三年
总理兼总编辑王志仁		二张
人权报	第八甫	民国前一年
总理兼总编辑黄健之		二张
广州共和报	第八甫	民国元年
总理兼总编辑宋季辑		二张
商权报	第八甫	民国元年
总理兼总编辑张斗垣		二张
新报	第八甫	民国四年
总理兼总编辑李杭希		二张
国华报	第七甫	民国六年
总理兼总编辑黄叔棣		二张
现象报	第八甫	民国九年
总理兼总编辑刘裁甫		二张
真共和报	第八甫	民国九年
总理兼总编辑时国或		二张
粤商公报	第八甫	民国九年
总理陈卿云	总编辑甘六持	二张
国华时报	第八甫	民国十一年
总理兼总编辑吕逸卿		二张
新国华时报	第七甫	民国十一年
总理黎国瑞	总编辑陈华封	二张

广东民报	第七甫	民国十一年
总理兼总编辑黄毅民		二张
商报	第七甫	民国十一年
总理兼总编辑黄建人		二张
司法日刊	第七甫	民国十一年
	总编辑姚礼修	二张
光华报	第七甫	民国十二年
总理兼总编辑李仲英		二张
民国日报	第七甫	民国十二年
		二张
和平报	第七甫	民国十二年
总理兼总编辑马景韶		二张
大报	第七甫	民国十二年
总理兼总编辑沈		三张
时可报	第八甫	民国十三年
总理兼总编辑欧伯鸣		二张

汕头（人口约七万五千）

公言报	育善后街	民国四年
	总编辑丘星五	二张
大岭东报	顺昌街	民国四年
总理吴子寿	总编辑许唯心	二张
民声报	永安街	民国九年
总理陈小毫	总编辑谢伊唐	二张
潮商报	至安街	
总理兼总编辑杜实珊		二张
平报	万安横街	二张
	总编辑钱热储	二张
汕头时报	杉排街	民国十三年

总理黄国樑	总编辑王新民	二张

南宁

通俗教育报	杉排街石牌坊	民国九年
总理曾象贤	总编辑黄龙恩	一张
民治新报	苍西街	民国十一年
总理兼总编辑何崇三		二小张
民意报	府前街	民国十二年
总理兼总编辑张幼珊	总编辑徐燮	一张

梧州（人口约三万）

救国晨报	塘基街	民国七年
总理宋彦	总编辑李驹光	二张
南强时报	合益街	民国十二年
总理黄实麟	总编辑刘善康	二张
工商报	小南门	民国十二年
总理王鉴良		二张
南华晨报	东门街	民国十二年
总理黄世宪		二张

长沙（人口约四十万）

通俗教育报	理问街	民国前一年
总理双心印	总编辑蒋兆	一小张
工报	贡院西街	民国四年
总理汤杰人	总编辑蒋王懋之	二张
大公报	皇殿坪	民国五年
总理贝允昕	总编辑李抱一	二张
湖南日报	正府街	民国七年
总理刘锡吾	总编辑伍芋农	二张
湖南商报	太平街	民国十一年
总理戴雪岑	总编辑陈彦华	二张

湖报	万福街	民国十二年
总理陈强	总编辑萧石明	二张
大湖南报	定王台	民国十二年
总理许笑隐	总编辑陶孝宗	二张
新湘报	新安巷	民国十三年
总理兼总编辑刘鹤公		一张
常德		
群言报		民国十一年
总理兼总编辑杨师让		二张
大中报		民国十二年
总理兼总编辑杨天奴		二张
沅声报		民国十二年
总理李铭堃	总编辑周应中	二张
福州（人口约六十三万）		
闽报（日资）	泛船浦	民国前十七年
总理山中宽太印	总编辑祝庭赓	一张
求是日报	大庙前	民国二年
总理李麟绶	总编辑郭无衍	一张
民生日报	天皇岭	民国三年
总理兼总编辑陈冠鸿		一张
华国日报	丽文坊	民国五年
总理李祖觉	总编辑陈黻章	一张
健报	白开水	民国五年
总理郑作枢	总编辑何琇先	一张
正言报	安民巷	民国七年
总理兼总编辑郑旭人		
福建日报	南营	民国七年
总理兼总编辑姚大钧		一张

福建实报	圣人殿	民国七年
总理兼总编辑邱书园		一张
公道报	德政桥	民国九年
总理弼履仁	总编辑李汝统	一张
超然日报	旗汎口	民国十年
总理梁超伦	总编辑陈廷扬	一张
闽光报	府巷	民国十一年
总理赵德明	总编辑赵更生	一张
公民报	南营	民国十二年
总理陈建权	总编辑何澄光	一张
公论新报	九彩园	民国十二年
总理兼总编辑郑国光		一张
政治报	高节里	民国十二年
总理兼总编辑陈奋侯		一张

厦门（人口约六十二万）

全闽报	和凤宫	民国前五年
总理兼总编辑宫川次郎		二张
民钟报	鼓浪屿龙头街	民国五年
总理李硕果	总编辑梁水统	二张
江声报	泰山口	民国八年
总理周彬川	总编辑贡义生	二张
思明报	五崎倍文印字馆	民国九年
总理张学习	总编辑林仲馥	二张
厦声报	打铁路头	民国九年
总理黄菊花	总编辑苏眇公	二张
时潮报	棋杆巷	民国十年
总理林建寅	总编辑黄水柳	二张
商报	布袋街	民国十年

总理江文禄	总编辑江健夫	二张
贵阳（人口约十万）		
平民日报	苏家巷	民国十二年
总理创办人轮值	总编辑轮值	三张
民意日报	中街	民国十二年
总理徐越雄	总编辑陈纯齐	二张
云南（人口约十万）		
义声报	二途街	民国五年
总理李钜裁	总编辑孙小楼	二张
复旦报	二途街	民国九年
总理刘惠昌	总编辑张磨明	二张
均报	绣衣街	民国十年
总理段素僧	总编辑张天傲	一张半
微言报	龙井街	民国十一年
总理罗间虑	总编辑蒋髯公	一张
金碧日刊	绣衣下街	民国十一年
总理陈厚庵	总编辑姚鸿鸣	一张
明知日刊	绣衣下街	民国十一年
总理惠大我	总编辑段居	二张
社会新报	三牌坊	民国十二年
总理沈圣庵	总编辑王退安	一张
兰州（人口约十万）		
通俗日报	省长公署	民国元年
总编辑聂景阳		一张
甘肃日报	省长公署	民国元年
总编辑李与伯		一册
金城	督军公署	民国十二年
总编辑郑瑞卿		

天水		
醒强	镇守使署	民国十二年
总编辑蒲孟容		
奉天（人口约二十五万）		
盛京时报（日资）	日本站	民国前二年
总理宫川贯作	总编辑菊池贞二	二张
醒时报（日资）	小南门外	民国二年
总理张兆麟	总编辑张维祺	一小张
东三省公报	小北门外	民国前三年
总理王希哲	总编辑英钝生	二张
东三省民报	小南门内	民国十二年
总理赵锄非	总编辑宋辽鹤	二张
吉林（人口约八万）		
吉长日报	粮米行大街	民国元年
总理池起涛	总编辑顾植	一张半
吉林商报	朝阳门内	
	总编辑阎启瑞	一张半
吉林新共和报	山神广胡同	
总理诸克聪		一张半
吉林日报	新开门内	
总理谢中		一张半
民实报	鸡市街	
总理关铎		一张半
民报	蓝旗堆子胡同	
总理赵志超		一张半
黑龙江		
黑龙江报	万增胡同	民国五年
总理兼总编辑魏謦钥		一张

通俗教育报		民国七年
总理仓和中	总编辑薛尧階	三张

大连（人口约八万）

满洲报（日资）		民国前六年
总理村野常右卫门	总编辑金念曾	二张
泰东日报（日资）	奥町	民国前五年
总理金子平吉	总编辑沈紫暾	二张
关东报（日资）	伏见台	民国八年
总理大石	总编辑沈止民	二张

哈尔滨（人口约五万）

东陲商报	过外升平街	民国五年
总理尹捷卿	总编辑万赞化	二张
国际协报	道外七道街	民国七年
总理兼总编辑张复生		二张
滨江时报	道外头道街	民国九年
总理范介卿	总编辑赵逸民	二张
东三省商报	道外十五道街	民国十年
总理叶元宰	总编辑刘启瑞	二张
大北新报（日资）	过外桃花巷	民国十一年
总理宫川贯作	总编辑王丕承	半张
晨光报	道外十四道街	民国十二年
总理兼总编辑张树屏		二张
松江日报	道外四道街	民国十二年
总理郭大鸿	总编辑杨墨轩	二张

香港

华字日报	威灵顿街五号	民国前四十五年
总理欧阳若瑚	总编辑潘蕙俦	三张半
循环日报	歌赋街五一号	民国前三十一年

总理温丽波	总编辑何冰甫	三张半
大光报	善庆街五号	民国三年
总理黎纪南	总编辑黄冷观	三张半
华商总会日报	苏杭街五八号	民国七年
总理叶兰泉	总编辑甘健魄	三张
晨报	苏杭街一〇三号	民国七年
总理周子骥	总编辑黄耀恭	二张
香江晚报	荷李活道六十号	民国八年
总理兼总编辑黄燕清		二小张
新闻报	士丹厘街二十六号	民国十三年
总理兼总编辑陈秋林		三张
新国华报	永乐街一五四号	民国十三年
总理李智明	总编辑李远公	二张

星嘉坡

叻报	吉宁街十一号	民国前三十一年
总理陈仁岩	总编辑周君南	六张
总汇新报	吉宁街一二六号	民国前二年
总理兼总编辑梅春浦		四张
新国民日报	吉宁街一二〇号	民国八年
总理谢文进	总编辑张叔耐	四张
南洋商报	罗敏申路二八号	民国十三年
总理 C. S. Lim	总编辑 F. S. Tang	四张

仰光

觉民日报	望概栏二号	民国四年
总理兼总编辑黄壬戌		四张
仰光日报	坡河滨街六二城	民国十年
总理陈允洛	总编辑傅振基	四张

槟榔屿

槟榔新报		民国前十年
		三张
光华日报	台牛巷一六号	民国元年
		三张
南洋时报	本头公巷一八号	民国十二年
		三张

雪梨

东华报	的臣街五二号	民国前十四年
总理张懋宽	总编辑伍萼楼	二张
民国报	康倍耳街	民国二年
总理杨福	总编辑李襄伯	二张
公报	美丽街	民国十年
总理兼总编辑汤龙骧		二张
民报	由仅街	民国十一年
总理李七	总编辑刘孟学	二张

温哥华

大汉公报	卡锐利街四四号	民国前一年
总编张椿杰	总编辑伍嵩	四张
新民国报	卡马润街六四零号	民国八年
总理植壁池	总编辑陈思惑	四张
加拿大晨报	永豆街二八八号	民国十一年
总理雷鸣夏	总编辑马庸	四张
新中国时刊	冰豆街一一一号	民国十二年
总理林佐然	总编辑关耀南	
华侨时刊	冰豆街一四一号	民国十三年
总理黄文甫	总编辑黄克勤	

马来		
盆群报	芦亚街七三号	
		二张
旧金山		
大同晨报	外物栏地十八号	民国前九年
总理易绮茜	总编辑任嵩翘	二张
中西日报	山润门头街八〇九号	民国前七年
总编伍盘照	总编辑童锡群	二张
世界日报	极润特路七三六号	民国前七年
总理黄金	总编辑梁朝杰	二张
少年中国晨报	格来街八八一号	民国前一年
总理黄滋	总编辑黄二明	二张
金山时报	外物栏地一一九号	民国十三年
总理林华耀	总编辑李伯贤	二张
纽约		
民国公报	公园路一〇八号	
维新报	公园路一七六号	
芝加哥		
商报		民国十三年
		二张
西雅图		
侨星报	金街一零四一号	
		日张
火奴鲁鲁		
新中国报	司密马开金街	民国前十二年

总理唐球	总编辑蔡衍	
汉民报	马六甲街一〇三四号	民国前七年
总理李脐	总编辑冯玉龙	
自由新报	旅馆街四十号	民国前三年
总理阮艺	总编辑程辰臣	
菲列滨		
公民报	赛兰苔	民国元年
总理翁成奎	总编辑陈框纲	二张
民号报	味示果也街五六号	民国元年
总理张伯荫	总编辑陈菊侬	二张半
华侨商报	收留拉街三二七号	民国六年
总理于以同	总编辑陈启孙	三张
救国日报	赛兰苔	民国十一年
总理来远甫	总编辑陈振汉	一张半
安南		
南圻华侨日报	提岸水兵街三零七号	民国八年
总理文世泰	总编辑陈肇琪	三张
巴达维亚		
新报	大南门街七一号	民国十年
总理朱茂山	总编辑庄汝霖	二张半
天声日报		民国十年
总理吴公辅	总编辑钟孤逸	二张
工商日报	八高园四九号	民国十一年
总理黄天锡	总编辑温禹卿	三张
巴达维亚日报	大公司二十号	民国十二年
总理丘尚平	总编辑丘可真	二张
三宝垄		
三宝垄日报	亚笼街八四号	民国十二年

	总编辑张庭英	二张
苏门答腊		
南洋日报	棉兰	
	总编辑陈劲倪	二张
苏门答腊日报	棉兰	民国六年
总理洪明星	总编辑张华卢	二张
苏岛日报	棉兰北索直街四号	民国十一年
总理王壁东	总编辑洪敬铭	二张
泗水		
大公商报	邦工街	民国十一年
总理叶壬水	总编辑张冰一	三张
泗滨新报	廿光多罗街六号	民国十二年
总理黄奋强	总编辑李伯义	二张半
孟加锡		
海洋洲报	巴刹街二二一号	民国十一年
总理张纯孙	总编辑张纯孙	三小张
国民报	唐人街二三一号	
		三小张
盘谷		
华暹新报	新柳巷口	民国前五年
总理萧佛成	总编辑萧佛成	四张
中华日报	公司廊	民国元年
总理刘锡如	总编辑杨复初	三张
侨声报	三角路	民国十年
总理谭振三	总编辑陈叔芬	四张
古巴		
华文商报	阿密太街一二八号	

开明公报	赛鲁街一四号	

秘鲁

民醒日报	美令胡街三三七号	民国七年
侨声日报	卡锐呵街九六三	

译后记

《中国本土报刊的兴起》(*The Rise of the Native Press in China*)是中国著名书画家、新闻学者、社会活动家汪英宾教授在美国哥伦比亚大学新闻学院学习时撰写的硕士学位论文。这篇论文于1924年6月在纽约出版，成为西方学者研究中国早期报纸的重要参考资料。《中国本土报刊的兴起》比戈公振先生的《中国报学史》早三年多出版，比蒋国珍先生的《中国新闻发达史》早三年零四个月。因此，它被中国当代新闻史学者誉为第一部“中国新闻史”专著。

作为经典新闻学译丛之一,《中国本土报刊的兴起》中译本的出版可谓中国新闻史论研究中“填补空白”的工作。由于汪英宾教授在中国当代新闻史上“淡出公众视野”和《中国本土报刊的兴起》英文版的阅读障碍，以往很多著述对于汪英宾及其《中国本土报刊的兴起》的论述和引用只是流于概览或点滴。时至今日，我们可以完整并精准地阅读国人撰写的第一部“中国新闻史著作”，这是一件令人欣慰的事情。

书中关于中国本土报刊兴起的新观点和信息有待读者来阅读和评价。作为译者，我们更加看重的是译本忠诚于原著，准确地表达作者在历史背景下的所思所想，完整地恢复中文经典文献的论述和引用。书中所涉及的大量经典文献的考证自然成为译者面临的最大挑战。

《中国本土报刊的兴起》中译本是教育部人文社会科学研究自筹经费项目“民国报人的跨中西文化特质研究”(10YJE860001)和广

东省高等院校学科建设专项资金人文社会科学重大攻关项目“岭南文化精品外译研究”（2012ZGXM_0008）的阶段性成果。它的出版凝结着团队的精神和付出，得到了热心的同事、同学和朋友的支持与帮助。暨南大学新闻与传播学院硕士研究生王明亮参与校译。感谢所有对《中国本土报刊的兴起》中译本出版作出贡献的朋友，感谢暨南大学出版社杜小陆主任、史学英编辑和责任编辑陈绪泉先生，感谢本书的外编《广东外语外贸大学学报》编辑部许莲华副编审的辛勤工作。

王　海

广东外语外贸大学

2012 年 11 月于白云山麓